KB012836

THE SHOP

Specific Stories, The Interplay, Personal Taste, Spirit of the Times

CONTENTS

한 해를 시작하며 펴내는 책에는 여러모로 의미를 부여하게 됩니다. 책을 제작하며 얻은 인사이트나 독자에게 전하고자 하는 메시지를 곱씹으면서 앞으로의 1년을 채워나갈 것에 대한 실마리를 얻기 때문입니다. 마치 새해 전야에 열어보는 포춘 쿠키처럼 말이죠. 집이라는 공간을 다룬 <더 홈>을 선보이고, 그 연장선상에 있는 <더 숍 The Shop>을 2021년에 가장 먼저 소개하면서 독자 여러분도 이 책을 통해 희망적인 실마리를 찾았으면 하는 바람입니다. 때로 원대한 포부보다는 작은 실마리 하나가 잠재된 동력을 불러일으키기도 하니까요.

누군가는 코로나19가 촉발한 뉴 노멀 시대에 왜 오프라인 가게 이야기를 하느냐고 의아해할 수도 있을 겁니다. 저 역시 1년 가까이 제한된 일상을 겪으며 온라인 상거래의 편의를 몸소 체험했고요. 그런데 이런 제한된 일상이 되레 명확하게 일깨워준 것이 있습니다. 바로 내가 어떤 것에서 삶의 에너지를 얻는 부류의 사람인지를 알게 된 것이죠. 예를 들면 저는 음식이나 음식이 주는 맛 자체보다 식당이나 사람이 모인 상황이 자아내는 분위기를, 물건에 대한 애착보다는 물리적 공간에서 물건을 찾아내고 발견하는 기쁨을 더 즐기는 편에 가깝더군요. 이러한 경험들은 온라인 상거래의 인프라와 큐레이션이 아무리 정교하게 발달한다 해도 대체할 수 없는 영역임이 분명합니다.

<더 숍>이 여러 분야에 걸쳐 다루고 있는 가게들도 이처럼 '경험'에 근거한 기준을 가지고 선별한 곳들입니다. "이 시대에 왜 오프라인 매장이어야 하느냐?"는 질문에 각자 다른 이유로 명쾌한 해답을 제시해야 한다는 대전제가 있었죠. 런던과 도쿄, 베를린과 서울 등의 도시에서 그러모은 숍들은 흥미롭게도 공간과 공간을 채우는 것에 대해 서로 비슷한 생각과 고민을 공유하고 있었습니다. 오너와 고객 또는 고객과 고객 간의 관계 형성, 가변적이고 잠정적 형태로 시대의 불안을 수용하는 태도, 감각의 매개로 공간 역할을 규정하는 것 등이 그러했지요. 표현의 방식이 각기 다를 뿐입니다. 특정 동네와 지역에 정착해 자신만의 독자적 색깔을 구축해낸 오프라인 숍이야말로 모든 산업을 통틀어 크리에이티브의 최전선에 서 있다고 해도 과언이 아니라 생각합니다.

각 도시의 통신원과 에디터들이 발품을 팔아 취재한 숍들의 면면을 살펴보는 내내 기분 좋은 상상이 이어졌습니다. 오너가 특정한 의도를 가지고 구현한 맥락 속에서 물건을 둘러보고, 나와 같이 물건을 둘러보는 사람들 사이에서 기분 좋은 긴장감을 느끼거나, 손으로 물건의 촉감을 직접 느끼며 결정을 망설이는 순간까지도요. 어쩌면 우리는 가게에 들러 물리적 공간에서 생길 수 있는 수백 수천 가지의 우연적 에피소드를 기대하고 있는 것인지도 모릅니다. 그 가능성 앞에서 시간이나 에너지 같은 기회비용은 무력해지게 마련이죠. 전 세계의 수많은 오프라인 숍이 이 시기를 잘 견뎌내 그 에피소드가 더욱 풍요로워지리라 믿으며 매거진 <B>의 조수용 발행인과 나눈 이야기를 이어가볼까 합니다.

작년 가을에 발행한 <더 홈>에서 집이라는 건 '왜 사는가'라는 인간 삶의 원천적 목적과 맞닿아 있다고 이야기했는데요, 그렇다면 지역마다 자리하는 크고 작은 가게들은 우리 삶에 어떤 의미를 주고 있을까요?

집이 '나라는 사람은 누구고, 내 가족은 어떤 사람들인가'라는 걸 자각하는 공간이라면, 숍은 다른 사람을 알고자 하는 욕구로부터 의미를 지니는 곳이라고 생각해요. 나답고자 하는 것, 그리고 다른 사람을 알고자 하는 것이 결국 인간 사회를 구성하는 평행선 같은 욕구니까요. 다른 사람의 집이나 개인 공간을 방문하는 데는 한계가 있으니 거리에 있는 다양한 가게를 통해 자연스러운 방식으로 타자의 공간을 경험하는 겁니다. 나 아닌 누군가의 공간으로, 곧 그 사람의 삶 속으로 한 번쯤 들어가보는 경험이 상업 공간의 중요한 기능 중 하나인 셈이죠.

좋은 가게, 좋은 상공간을 가늠하는 기준도 그 정의와 연결되어 있나요?

우리가 좋은 브랜드를 경험했을 때 어떤 성향과 캐릭터를 지닌 사람으로 여기듯 특정 인물이 운영하는 상공간에도 그 느낌이 드러나는 게 가장 이상적이라고 봅니다. 예를 들어 레스토랑이라면 누군가의 다이닝 룸을, 패션이나 라이프스타일 매장이라면 누군가의 드레스 룸이나 응접실을 연상하도록 하는 거죠. 이게 꼭 주거 공간처럼 인테리어를 꾸민다는 의미라기보다는 그런 상상으로 이끄는 공간에 사람은 본능적으로 끌릴 수밖에 없다는 뜻에 가깝습니다. 실제로 상공간에 대한 좋은 기억을 떠올려보면 대부분이 은연중에 집이 갖는 아주 사적인 분위기를 풍기고 있을 거예요. 아마 이번 <더 숍>에서 소개하는 많은 숍들의 공간 역시 누군가가 사는 공간으로 떠올려본다면 더 흥미로운 이야기로 다가오지 않을까 싶습니다.

주변 사람들과 앞으로의 계획에 대해 이야기를 나눠보면 자기만의 작은 가게를 갖고 싶다는 꿈을 말하는 경우가 꽤 많습니다. 사람들은 왜 이런 로망을 갖는 걸까요?

'나만의 식당', '나만의 가게'라고 표현하지만 그 안에는 두 가지 의미가 공존하고 있어요. 엄밀히 말하면, 나만의 공간이지만 나와 어울릴 수 있는 사람들이 들러서 그 공간을 함께 즐겼으면 좋겠다는 바람이 담긴 거죠. 마치 SNS나 블로그에 일기처럼 글을 쓰지만 누군가가 보고 읽어주길 원하는 것처럼요. 내가 살고 있는 집은 아니지만, 누군가가 와서 편하게 둘러볼 수 있는 내 공간이 있었으면 좋겠다는 본능에 가까운 욕구가 그렇게 발현되는 것 아닐까요?

매거진 <B> '서울' 편에서 도시를 주제로 한 인터뷰를 나누었을 때도 숍에 대한 철학을 언급한 적이 있습니다. 어떤 상공간이 매력적으로 느껴지려면 비즈니스의 주체가 되는 특정 인물, 즉 개인의 관점을 효과적으로 드러내는 것이 중요하다는 요지의 말이었지요.

상공간 기획이나 인테리어에 대한 조언을 할 경우가 있으면 저는 늘 자신이 좋아하는 것을 잘 찾아보라고 얘기합니다. 최고의 디자이너를 물색해 일을 맡기면 알아서 잘 진행될 거라 생각하지만 사실은 그렇지 않거든요. 그 디자이너가 지닌 스타일대로 구현되어 그럴듯한 결과를 낼 수도 있습니다만 저는 무엇보다 상공간을 운영할 주체와 잘 맞는 공간을 찾아내는 것이 바람직하다고 생각합니다. 숍을 만들 때도 마치 자신의 집을 대하듯 나는 어떤 공간을 좋아하고, 지금까지 어떤 공간을 좋게 봐왔는지에 대한 궤적이 있어야 해요. 인테리어에 대한 접근도 마찬가지죠. 예를 들어 내가 굉장히 아끼는 가방 하나를 공간 어딘가에 잘 놓아두고 누군가의 시선을 잡을 수 있다면 그걸로 된 겁니다. 동시에 그 물건으로부터 '이 가방이 왜 이곳에 있는가?'라는 물음이 시작된다면 그 순간 공간의 이야기가 만들어지는 거고요. 오너가 가진 생각을 발신할 수 있는 것들이 모인 공간이라면 그게 아마추어의 디자인처럼 보인다 해도 사람들은 계속 호기심을 느껴서 방문하고 싶을 거예요.

숍의 공간과 집의 공간을 다루는 데 필연적인 다름이 있음을 인지하고
접근하는 것도 필요하지 않을까요?

결론부터 얘기하면, '다르지 않게' 접근하는 것이 더 좋다고 봐요. 인식상에서의 격차는 존재하지만 그 격차를 없애려 할수록 양쪽 공간이 모두 좋아지는 경험을 할 겁니다. 집에 조명을 설치할 때 매장의 조도나 분위기를 참고하거나, 숍에 가구를 배치할 때 집을 꾸미는 것처럼 접근하면 잘 풀리는 경우가 많거든요. 물론 사양 면에서는 다름이 있을 수 있지만, 서로의 경계를 최대한 모호하게 할수록 양쪽 공간의 완성도는 높아지게 마련입니다.

그런 측면에서 개인적으로 호기심이나 매력을 느낀 상공간이 있나요?

오래전 밀라노의 콘셉트 스토어 10 꼬르소 꼬모를 처음 방문했을 때가 생각나네요. 당시엔 너무 좋은 나머지 '이 느낌이 대체 뭘까'라는 생각을 계속한 것 같아요. 테라스엔 화분과 테이블이 꽉 채워져 있고 공간 곳곳을 특별한 규칙 없이 가구와 물건으로 메웠는데, 무질서함에서 오는 일관성이 느껴졌어요. 그 모습을 보고는 이거야말로 어떤 사람 삶의 궤적을 그대로 옮겨놓은 거다 싶었죠. 자기 집 정원이나 거실에 무언가를 놓듯이 하지 않으면 구현할 수 없는 종류의 분위기였으니까요. 이솝이 전개하는 매장도 늘 인상적이에요. 시즌이 바뀌어도 변하지 않는 특유의 미니멀한 패키지 디자인이 이솝의 강력한 브랜드 이미지를 만들기도 하지만, 그것이 역으로 특정한 무드나 콘셉트를 투영하기 어렵게 하는 약점이 될 수도 있어요. 하지만 그 패키지를 제외한 나머지, 곧 공간에서 감추고 있던 엄청난 스펙트럼을 보여준

다는 점이 너무 멋집니다. 공간 디자인뿐 아니라, 위치 선정의 감각에서도 뛰어나죠. 위치 선정을 통해 그들이 어떤 브랜드가 되고 싶은지에 대한 의지를 잘 읽을 수 있습니다. 이솝이 특정 공간을 점유하고, 그 공간이 자리한 동네를 바꾸는 걸 지켜보면서 많은 자극을 받았어요.

말씀하신 것처럼 숍이라는 건 좋은 동네와 도시를 만드는 핵심 하드웨어이자 소프트웨어란 생각을 하게 됩니다.

여기서 어떤 동네가 좋은 동네냐는 것에 대한 정의를 먼저 짚고 넘어가는 게 중요해요. 제게 그 질문의 답은 '살고 싶은 동네'입니다. 어떤 곳에서 '살고 싶다'라는 느낌을 받는 건 '자주 오고 싶다'를 뛰어넘는 이야기예요. 매일 아침 눈을 뜨고, 하루를 보내고, 잠을 청하는 생활의 사이클을 포함하는 것이니까요. 어떤 동네에서 그런 느낌을 받으려면 무엇이 필요할까라는 질문으로 연결해보면, 저는 늘 이솝같이 감도 높은 매장이 주변에 있으면 좋겠다고 생각한 것 같아요. 바꿔 말하면, 살고 싶다고 느낀 동네에는 늘 좋은 매장과 상공간이 자리해 있었죠. 어떻게 보면 닭이 먼저냐 달걀이 먼저냐는 문제 같은 건데, 사람들이 잘 모여 살아서 자연스레 좋은 매장들이 위치하는지, 아니면 그런 인프라가 잘 구축되어 있어서 사람들이 모여들고 좋은 동네가 되는 건지 헷갈릴 수 있거든요. 저 역시 그런 생각을 했지만 '사운즈한남'이라는 공간을 기획하면서 지금은 누군가가 의도해 좋은 상공간이 모이도록 잘 계획하면, 살고 싶은 동네가 될 수 있다는 쪽에 많이 기울어져 있어요. 요즘 생겨나는 대형 주거 단지나 주상 복합 공간에서도 그런 시도가 계속되고 있고, 아마 좋은 동네를 만들기 위해서는 그럴듯한 홍보나 구호보다 주변에 좋은 가게들을 잘 조성해야 한다는 걸 앞으로 더 많은 사람이 알게 될 겁니다.

숍 중에서도 해당 지역의 문화를 잘 흡수하고 지역과 조화롭게 어우러지는 규모를 유지하는 곳이 잘 자리 잡아야 그 동네와 도시를 매력적으로 느끼게 되는데요, 로컬리티와 소상공인이라는 키워드가 계속해서 사람들 입에 오르내리는 이유는 뭘까요?

생각해보면 지역이 아주 작은 단위까지 잘 세분화되어 있을 때 문화적으로 성숙한 도시라 평하는 것 같은데요, 세분화가 잘되었다는 건 곧 자신이 거주하는 범위 안에서 라이프스타일 전반의 소비가 가능하다는 얘기일 테고요. 저는 런던과 도쿄가 그런 점에서 완성형의 도시라고 느낍니다. 좋은 가게를 발견한 곳을 기점으로 쭉 걸어가다 보면 그 옆에 또 좋은 가게들이 있고, 그 분위기와 인프라가 흐트러짐 없이 계속 이어지죠. 어느 정도의 규모와 범위를 유지하면서 너무 비대해지지 않은 다양한 가게가 곳곳에 정착하면 그 흐름을 타고 비슷한 가게들이 생겨나며 자연스럽게 그 영역을 확장합니다. 서울도 이제 그런 작은 단위의 지역을 중심으로 발전해가는 과정에 있고요. 저는 판교에 살고 있는데, 예전 같으면 황량했을 거리에 꽤 근사한 베이커리나 꽃집 같은 숍들이 점점 생겨나는 걸 봐요. 호기심이 생겨서 들어가보면 단골들이 들러 편안한 분위기에서 서로 인사를 나누는데, 대형 프랜차이즈 매장의 공기와는 너무 다른 느낌이었죠.(웃음)

그럼에도 최근의 젊은 세대들은 오프라인 매장의 필요에 대해 조금 다른 시각을 갖고 있는 것 같아요. 온라인과 오프라인이라는 프레임으로 숍의 가치를 바라본다면 어떨까요?

구매라는 관점에서는 온라인이 완전히 오프라인을 대체했다고 봅니다. 어떻게 그걸 온라인으로 사냐고 여기던, 심리적 장벽이 있던 신선 식품마저 온라인으로 활발하게 거래되고 있는 세상이니까요. 그런 시대에 오프라인 숍이 구매라는 액션을 중심으로 공간을 점유하는 건 끝났다고 해도 과언이 아니죠. 하지만 역설적으로 경험의 측면에서는 오프라인 숍을 더 주목해야 합니다. 마치 스트리밍 서비스와 스마트폰으로 어디서든 음악을 들을 수 있지만, 좋아하는 아티스트의 콘서트를 보러 공연장에 가는 것처럼요. 그 누구도 음악을 쉽게 들을 수 있는데 왜 콘서트를 가냐고 묻지 않잖아요. 이처럼 어떤 브랜드건 공간에서의 경험을 만드는 역할은 아마 더 커질 겁니다. 매장을 브랜드의 집으로 본다면 '우리 집은 이렇게 생겼고, 이런 음악이 흐르고, 이런 그림을 걸어두고 보는 곳이다'라는 걸, 곧 브랜드가 지향하는 바에 공감하는 곳이 되는 거죠. 오프라인 매장에서는 판타지를 심어주고, 구매는 온라인에서 하도록 독려하는 방향으로요.

판타지라는 단어가 유독 와닿네요. 굳이 온라인에서의 편의를 제쳐두고 오프라인 매장에 가야만 하는 이유를 떠올려보면 공간이 조성하는 오라를 통해 어떤 물건에 애착이나 스토리를 부여하기 위해서 아닐까 생각합니다.

그렇죠. 판타지라고 표현한 것도 브랜드라는 것 자체가 가상에 존재하는 허구의 이미지잖아요. 브랜딩은 그걸 실체화하는 과정이고요. 새로운 오프라인 매장을 오픈할 때를 지켜보면, 그 전날까지 공사장이나 다름없던 공간이 다음 날 오전 오픈하고 나면 따뜻한 온기가 흐르는 곳으로 바뀌어 있어요. 브랜드의 오프라인 매장은 디즈니랜드에 있는 성과 같죠. 실제로 그 성은 텅텅 비어 있고 공주님이 살지 않지만, 상상을 통해 그걸 진짜처럼 느끼게 만드는 겁니다. 예전 메종 마르지엘라 매장이 그런 경험을 극대화해 보여줬다고 생각하는데요, 흰색 천으로 덮인 소파나 약간은 괴기스럽게 느껴지는 오브제들을 보면서 실제 마르지엘라의 집이나 작업실이 이런 모습이 아닐까라고 한 번쯤 떠올렸을 거예요. 이런 상상은 온라인이 대신할 수 없는 거죠.

SPECIFIC

STORIES

의류 매장인 동시에 레스토랑, 서점인 동시에 라이프스타일 숍처럼
2개 이상의 기능과 요소를 결합한 형태의 숍이 우후죽순 생기는 지금
하이브리드라는 형식이 해답이 될 순 없다. 기존의 멀티 콤플렉스와 확연히
차별화되는 하이브리드 숍은 그것이 공간이든 공간을 채우는 콘텐츠든 서로의
맥락을 연결하는 스토리에 집중한다. 장르와 경계를 넘나드는 것뿐 아니라
오너의 관심과 애착, 소비 관념이 담긴 다양한 이야기를 공간에 풀어놓으며
관점을 제시하는 것이다.

생각하는 방식을 통한 특별한 소비

블루 마운틴 스쿨 Blue Mountain School

에디터 알렉스 서 | 포토그래퍼 밍 탕-에반스

—

경계를 넘나드는 창작 스페이스

스콰트 Skwat

에디터 이민경(칼럼니스트) | 포토그래퍼 고마쓰바라 에이스케

—

미디어와 문화를 담아낸 공간

브레인 데드 스튜디오스 Brain Dead Studios

에디터 신희승 | 포토그래퍼 이은호

—

And more

알렉스 이글 스튜디오 Alex Eagle Studio

안드레아스 무르쿠디스 Andreas Murkudis

아날로그 Analog

인 어 스테이션 In a Station

카시카 Casica

언투 디스 라스트 Unto This Last

프레시서비스 헤드쿼터스 Freshservice Headquarters

어쩌다 산책 Uhjjuhdah Promenade

듀펠 센터 Duffel Centre

에디터 알렉스 서, 이상혁, 이민경, 신희원, 김나래

생각하는 방식을 통한 특별한 소비

ADDRESS 9 Chance St., London
WEBSITE bluemountain.school
INSTAGRAM @bluemountainschool
FOUNDED 2015년
PRODUCTS 의류, 홈웨어, 예술 작품

Blue Mountain School

블루 마운틴 스쿨

주류 브랜드와 시즌 시스템에서 탈피해 복합 문화 공간에 가까운 방식을 따르는 블루 마운틴 스쿨은 2010년 오픈한 패션 편집숍 호스템 Hostem의 개념을 확장한 숍이다. 한마디로 정의 내리기도, 비교 대상을 찾기도 쉽지 않다. 이스트런던의 쇼핑 거리 레드처치 Redchurch에 위치한 이 5층 건물엔 트렌드에 영향받지 않는 개성 강한 옷을 선보이는 '호스템 아카이브'와 16석 규모의 아담한 미쉐린 2스타 레스토랑 '마오스 Mãos', 다양한 장르의 아트를 선보이는 전시 공간 '블루 프로젝트 Blue Project', 음악 감상실 '그레이스 Grace's', 특정 장인의 제품을 판매하는 레지던스 아틀리에가 있다. 건물을 꼭대기까지 가로지른 목조 계단과 회반죽을 칠한 벽은 거칠면서도 한편으로 따뜻하다. 계단으로 연결된 다른 역할의 장소들은 건물 안에서 유기적으로 어우러지며 공통의 가치를 구현하고, 이는 다양한 경로로 소비자에게 전달된다. 호스템 시절부터 인연을 맺은 브랜드들과 오랜 관계를 유지하며, 신규 건물의 레이아웃까지 함께 의논할 정도로 끈끈한 운영 방식은 이들이 스스로를 합작 프로젝트(collaborative project)라 여기는 이유다.

CHANCE STREET E2
BLUE MOUNTAIN SCHOOL

CHRISTIE BROWN
크리스티 브라운

블루 마운틴 스쿨 공동 창립자

“물건을 팔지만 숍이 아닌 곳을 만들고 싶었습니다”

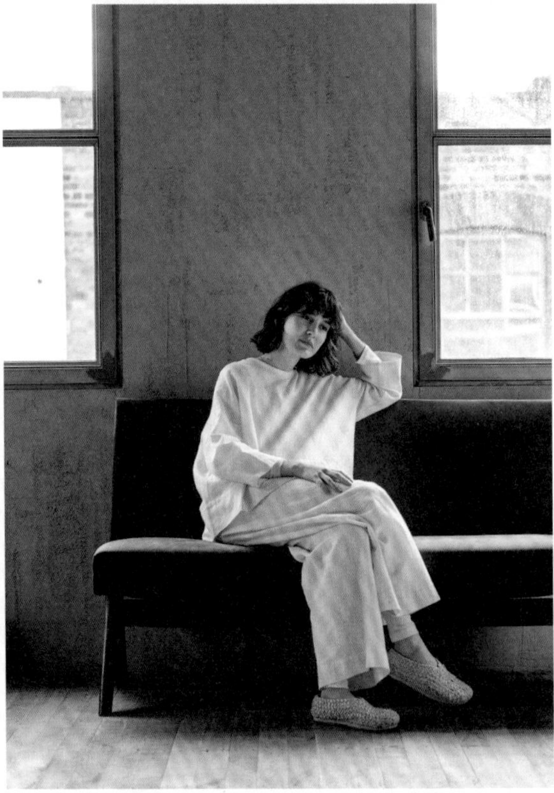

과거 패션 편집숍 호스템이 위치한 장소가 현재는 여러 가지 다른 활동을 동시에 전개하는 공간으로 확장했어요. 어떤 계기로 방향을 전환하게 되었나요?

기존의 호스템을 운영하면서 저희가 추구하는 가치가 전통 패션 리테일 산업이 돌아가는 시스템과 맞지 않는다고 느꼈습니다. 당시엔 프라다 Prada, 요지 야마모토 Yoji Yamamoto, 드리스 반 노튼 Dries Van Noten 등 유명 패션 하우스의 제품도 판매했어요. 10년 전까지만 해도 그런대로 괜찮았지만, 온라인 쇼핑의 시장점유율이 높아지고 백화점들마저 니치 브랜드를 다루기 시작하면서 저희 같은 독립 편집숍은 빠르게 경쟁력을 잃어갔지요. 높은 판매율을 보장할 수 없는 니치 브랜드는 리스크가 큰 것으로 간주해 대형 유통업체에서 잘 취급하지 않았거든요. 바뀐 흐름은 소규모 독립 리테일 숍뿐 아니라 니치 브랜드에도 부담으로 작용했습니다. 많은 물량을 빠르게 생산하고 프리 시즌을 포함한 많은 양의 컬렉션을 준비해야 했으니까요. 저희도 사입(仕入)을 위해 파리를 1년에 네 번에서 여섯 번가량 방문해야 했습니다. 모두에게 피곤한 방식이었죠. 백화점처럼 잦은 세일을 통해 재고를 처리할 수도 없었고요. 2000파운드(한화 약 300만 원)하는 재킷을 몇 주도 지나지 않아 반값에 팔기는 어려운 일이니까요. “리테일 숍은 옷들의 무덤”이라는 우스갯소리를 할 정도로 패션 산업의 구조에 회의를 느꼈습니다. 그래서 그 시스템의 일부가 되는 대신 독자적 방향을 개척하기로 결심했지요. 어디에서나 만날 수 있는 주류 브랜드 대신 나라마다 한두 곳의 숍에서만 제품을 판매하는 소규모 독립 브랜드에 집중하게 된 배경입니다. 그들 모두와 굉장히 밀접한 관계를 유지하고 있고요.

패션 리테일러이면서 시즌별로 제품을 판매하지 않는 점이 흥미롭네요. 정확히 어떤 방식으로 제품을 소개하는지 궁금합니다.

대부분의 패션 편집숍은 엄격한 예산과 일정이 있기에 소규모 브랜드가 그에 맞추는 일이 버거운 경우가 다반사입니다. 저희에게 납품하는 브랜드는 시즌에 구애받지 않고 충분한 시간을 들여 제품을 준비해 보냅니다. 물론 계절을 완전히 무시하긴 어렵지요. 여름과 겨울에 각각 어울리는 아이템이 존재하기 때문입니다. 하지만 기후변화로 계절의 경계도 예전보다 모호해졌고, 시즌 전에 미리 바잉해 물건을 받는 체계를 따르다 보면 제품이 날씨와 맞아떨어지지 않는 경우도 종종 발생합니다. 그래서 과감히 기존의 방식을 탈피하고 아카이브 시스템을 운영하기로 한 것이죠.

아카이브 시스템은 다소 생소한데요, 조금 더 자세히 설명해준다면요?

몇 벌의 옷만 매장에 진열하고 나머지는 재고 창고에 보관하는 보편적 형태에서 벗어난 개념입니다. 모든 제품은 한 벌 한 벌 세심히 기록하고 아카이브에 보관해 영속합니다. 만든 지 몇 시즌 지난 옷도 고객이 원하면 언제든지 다시 반출해 구입이 가능하지요. 덕분에 재고 개념 자체가 사라졌습니다. 세일을 통한 '재고 털기'로 제품을 소진할 필요도 없고요. 아카이브 시스템은 블루 마운틴 스쿨의 건축디자인과도 깊이 연결되어 있습니다. 높은 천장과 사람 키의 두 배가 넘는 수납장들은 박물관이나 갤러리에서 소장품을 보관하는 것과 동일한 구조로 설계했습니다. 물론 모든 고객에게 맞는 시스템은 아니라고 생각합니다. 자신이 원하는 것을 명확히 알고 오는 분에게는 더없이 유용한 시스템이지만, 익숙지 않다는 고객도 있어요. 특히 '신상'을 찾는 분들이 그래요. 새로운 것이 없냐는 질문을 받을 때마다 난감한 기분이 듭니다. 그 물음에서 새로운 것은 '좋은 것'을 의미하거든요. 새롭다고 모두 좋은 것은 아닌데 말이에요. 현대사회가 우리로 하여금 그렇게 믿게 만든 것뿐이죠. 저희는 고객이 단 하나의 아이템이라도 '맞는(right) 것'을 선택해 오랫동안 사용하길 바랍니다. 호스템 아카이브가 소장한 제품엔 처음의 가치가 그대로 보존되어 있습니다.

이곳의 큐레이션 기조는 무엇인가요?

장인 정신에 입각해 묵묵히 제품을 만드는 소규모 브랜드에 집중합니다. 주류 브랜드의 바잉을 목적으로 파리를 찾는 일도 그만두었어요. 쇼룸이 아닌 스튜디오나 공방을 직접 찾아 제품을 만드는 모습을 확인하고 가치를 확인하는 쪽으로 선회했죠. 그들의 일을 훨씬 더 잘 이해할 수 있는 장점이 있습니다. 일반 패션 편집숍의 바이어 열 중 아홉은 그런 과정을 모른 채 사입을 진행할 거예요. 때때로 새로운 브랜드를 들일 때도 있지만, 미디어나 산업에서 주목하는 브랜드가 아닌 저희와 가치를 공유하는 브랜드를 발굴했을 때에 국한합니다.

리테일뿐 아니라 레스토랑, 갤러리, 청음실이 공존하는 공간을 만든 이유는 무엇인가요?

저희가 판매하는 제품은 모두 흥미로운 이야기를 간직하고 있지만, 그것을 소비자에게 전달하는 것은 쉽지 않았습니다. 이전의 호스템을 운영하면서 느낀 점이죠. 의류나 라이프스타일 제품을 판매하는 리테일 숍의 한계라고 할까요. 소비자는 제품을 훑어보고 지나갈 뿐, 그 배경이나 이야기에는 큰 관심을 보이지 않는 경우가 많았지요. 그것들을 어떻게 전달할까 고민하다 패션 리테일을 넘어 저희가 늘 관심과 애착을 가진 다른 영역으로 외연을 확장해 보면 어떨까 생각했습니다. 단순한 상점이 아닌, 다양한 이야기를 품고 있는 공간을 마련한 것이죠. 공동 창립자이자 제 남편인 제임스 브라운 James Brown에게 예술, 음식, 옷은 삶의 세 가지 축입니다. 그것들을 블루 마운틴 스쿨에서 전개한 것은 자연스러운 일이었어요. 시간과 공을 들여 소규모로 창조한 제품과 서비스, 그 속에 담긴 스토리를 공유하는 것이 저희의 철학입니다. 각기 다른 요소를 관통하는 내러티브를 통해 저희가 추구하는 시각을 소비자에게 전달하고 싶었습니다. 손님들이 공용 테이블에서 식사하는 레스토랑 마오스에선 하루 한 번 저녁에 손님을 받지만, 총괄셰프 이도아르두 펠리카누 Edoardo Pellicano를 비롯한 모든 스태프는 아침부터 서비스가 끝난 밤늦게까지 요리를 준비합니다. 전시 공간인 블루 프로젝트에서 순환 전시하는 작품도 고유의 이야기와 맥락을 간직하고 있죠. 지금 인터뷰가 이뤄지는 장소는 이탈리아 장인들의 전통, '슈퍼 슬로 패션 super slow fashion'을 중시하는 고집스러운 디자이너 제프리 비 스몰 Geoffrey B. Small의 옷만 모아놓은 아틀리에입니다. 이렇듯 작지만 뚝심 있게 스스로의 길을 걷는 사람들의 열정이 블루 마운틴 스쿨을 지탱하는 주춧돌이에요.

리테일과 다른 카테고리의 비즈니스가 함께 존재하는 것은 대형 쇼핑몰에서도 볼 수 있는 형태지만, 블루 마운틴 스쿨에서는 사뭇 분위기가 다릅니다. 물리적으로 구분하지만 어딘가 서로 연결되어 있는 인상을 주거든요.

네, 맞아요. 미국 뉴욕주의 허버트 F. 존슨 미술관(Herbert F. Johnson Museum of Art)의 개방적 구조와 공간의 연결성에서 영감을 받았습니다. 건물의 모든 부분에 창문과 유리 스크린이 많다는 것을 느꼈을 겁니다. 모든 부분을 들여다볼 수 있도록 의도적으로 선택한 요소예요. 각층을 연결하는 계단은 제품이 전시된 '앞'과 제품이 쌓여 있는 '뒤'로 나눈 일반 리테일 숍의 레이아웃을 탈피시키고 각 공간의 연결성을 높이는 척추 역할을 합니다. 손님은 계단을 오르내리며 아카이브에서 진행하는 제품과 마오스의 주방에서 분주히 요리하는 셰프를 직접 지켜보며 공간 전체에 생동하는 에너지를 느낄 수 있죠. 이곳을 디자인한 과정도 일반 방식과는 다릅니다. 대개 건축사무소가 설계를 담당하고 디자인을 시공사에 넘기면 그들이 도면에 입각해 건물을 짓는 방식이죠. 하지만 저희 프로젝트에선 건축업자도 논의 과정에 참여해 모두 함께 공간을 만들어나갔어요. 기간이 오래 걸린 이유이기도 하지요. 2년간 콘셉트를 기획했고, 그 후 2년간 공사가 진행됐거든요. 수많은 수정이 끊임없이 가해진 끝에 저희가 원하는 분위기와 구조를 완성할 수 있었습니다.

미니멀하고 거친 마감의 인테리어가 인상적입니다.

저희가 판매하는 제품의 대부분은 고가이지만, 공간 자체엔 최대한 화려함을 배제하고 천연 그대로의 자재를 사용했습니다. 오크 목재에 못을 박아 거칠게 마감한 바닥과 회반죽으로 칠한 벽은 공간에 겸손함과 유연성을 부여합니다. 비싼 자재로 깔끔하게 마감한 공간엔 못 하나 박기도 망설여지기 마련이라 용도를 자유자재로 바꾸기 어렵거든요.

서로 다른 기능을 하는 곳이 모인 이런 형태의 공간에는 어떤 장단점이 있을까요?

가장 큰 장점으로는 공간의 유동성과 잠재성을 들 수 있습니다. 각각의 공간이 맡은 역할뿐 아니라 상호작용을 통해 더 많은 것을 진행할 수 있는 시너지가 생성되고, 이는 여러 분야의 다양한 사람과 협업할 수 있는 기회로 연결되지요. 단점은 이런 체계에 익숙하지 않은 손님을 본의 아니게 압도할 수 있다는 점입니다. 특히 일반 리테일 공간을 기대하고 들어온 손님은 혼란스러워하거나 저희 방식을 쉽게 이해하지 못하는 경우도 있어요.

청음실인 그레이스는 어떤 역할을 하는 공간인가요?

음악을 배경으로 다양한 이벤트를 진행하는 곳입니다. 음악을 사랑하는 저희 아트 디렉터 조지 힐즈 George Hields가 운영을 책임지고 있어요. 희귀 LP 감상 프로그램부터 최근에는 마오스의 R&D 셰프와 진행한 한국의 다례(茶禮) 이벤트가 있었죠. 녹음 시설이 있어 다양한 뮤지션이 그레이스를 위한 음악을 따로 녹음하기도 합니다. 프라이빗 이벤트를 위한 대관도 가능하고요.

블루 마운틴 스쿨을 운영하는 사람들이 공유하는 삶의 태도가 있나요?

이기심이 없는 분위기라 모두 직접 팔을 걷어붙이고 문제를 해결하는 데 주저함이 없습니다. 제임스의 어머니는 이곳에서 회계를 담당하고 있지만, 바닥을 걸레질하는 것도 서슴지 않아요.(웃음) 수평적 내부 문화가 형성되어 있고, 모두가 같은 비전과 목표를 공유하고 있습니다. 남의 일이라 생각하는 직원은 아무도 없어요.

블루 마운틴 스쿨이 다른 리테일 숍과 차별화되는 지점은 어디라고 생각하나요?

모든 것이죠.(웃음) 바잉 기조부터 공간, 제품까지 차이가 있어 굳이 하나를 딱 집어 말하기가 쉽지 않습니다. 굳이 고르자면 커뮤니티적인 분위기가 아닐까 합니다. 저희 고객 대부분은 쇼핑을 많이 하지 않는 분들이에요. 이곳에서만 쇼핑을 한다는 분도 있고요. 저희가 보여주는 신중함과 퀄리티에 대한 가치가 그들로 하여금 흥미를 느끼게 하는 것 같습니다. 브랜드나 레이블보다 의미 있는 것을 선호하는 소비자, 자신이 무엇을 원하는지 명확히 아는 소비자가 저희의 주요 고객층입니다. 아이러니하지만 저와 제임스도 쇼핑이라는 행위를 크게 즐기지 않아요.(웃음) 그래서 쇼핑하는 곳처럼 느껴지지 않는 공간을 만들었는지도 모르겠습니다. 손님의 대부분은 단골이 되고 일종의 커뮤니티를 형성하고 있어요.

사실 공간의 활용이라는 답변이 나올 줄 알았는데 의외네요.

블루 마운틴 스쿨은 공간을 떠나서 생각하는 방식을 포함해 제품을 소개하는 과정 그 자체입니다. 이것을 전달하는 방식은 공간에 따라 달라질 수 있을 거고요. 기존의 2차원적 거래를 넘어 브랜드와의 긴밀한 관계와 합작, 고객과의 커뮤니티가 입체적으로 어우러지는 형태가 저희가 추구하는 방식입니다.

블루 마운틴 스쿨에 어울리는 물건은 어떤 것일까요?

어딘가 특별한 점이 있어야 해요. 제품을 만드는 방식이나 만드는 사람의 이야기 등에서 의미 있는 요소가 있어야 합니다. 퀄리티가 좋은 물건은 다른 곳에서도 쉽게 구할 수 있거든요. 저희가 판매하는 제품 대부분은 아주 느리게 생산하는 것들입니다. 제품을 만드는 방식 때문이죠. 저희도 크게 공감하고 지원을 아끼지 않는 부분이에요. 시중에서 쉽게 접할 수 없는 특별함이 깃든 물건이어야 합니다.

블루 마운틴 스쿨이 고객에게 전달하는 공간적 경험은 무엇일까요?

건물의 디자인 자체와 사용한 자재들이 고객의 경험에 많은 영향을 미친다고 생각합니다. 손으로 직접 만든 텍스타일이나 세라믹, 수공예로 다듬은 나무를 비롯해 저희가 판매하는 대부분의 제품은 강한 질감을 가지고 있습니다. 가공하지 않은 자재를 이용한 구조물은 이들과 공명하고요. 꾸미지 않은 듯 덤덤하면서도 편안함이 느껴지는 공간 속에서 제품들 사이를 오가며 조용히 자신에게 맞는 물건을 살펴볼 수 있지요. 제임스와 저는 '물건을 팔지만 숍이 아닌 곳'에 대한 아이디어를 가져왔습니다. 그런 생각이 모든 것의 시작이었고요. 저희 역시 쇼룸 대신 누군가의 아틀리에나 워크숍, 주물 공장에서 물건을 구입하는 것을 선호하거든요. 저에겐 그것이 가장 순수한 경험이라는 생각이 듭니다. 저희는 고객이 화려한 인테리어에 방해받지 않고 쇼핑을 즐기길 원합니다. 고객 중에는 한번 방문해 대여섯 시간을 보내고 가는 분도 종종 있어요. 일반 리테일 공간에서는 흔한 일이 아닐 겁니다. 블루 마운틴 스쿨의 설계를 담당한 영국의 건축 스튜디오 6a 아키텍트 6a Architect의 공동 창립자 톰 에머슨 Tom Emerson은 오프닝 행사에서 "이곳이 뭐 하는 곳인지는 모르겠지만, 새로운 것만은 확실합니다"라고 말했어요. 요즘 같은 세상에 새로운 것을 할 수 있다면 모든 것을 할 수 있다는 생각도 듭니다.

Impression

"척추 역할을 하는 계단을 올라가다 보면 자연스럽게 호스템 아카이브와 블루 프로젝트,
아틀리에, 마오스에서 벌어지는 일들이 전부 눈에 들어옵니다."

장르를 넘나드는 창작 스페이스

ADDRESS 5 chome-3-2 Minamiaoyama, Minato-ku, Tokyo
WEBSITE skwat.site
INSTAGRAM @skwat.site
FOUNDED 2020년
PRODUCTS 의류, 디자인 제품, 책

Skwat

스콰트

田中義久之本棚

AIRE

설계 사무소 다이케이 밀스 Daikei Mills의 나카무라 게이스케 Keisuke Nakamura가 디자인하고, 패션 에이전시와 예술 출판 서점을 운영하는 각각의 대표가 의기투합해 2020년 5월 도쿄 미나미아오야마에 오픈한 스콰트는 건물 밖에서는 도통 어떤 종류의 숍인지 판단하기 어렵다. 들어오면 장르와 경계는 더욱 불분명해진다. 1층은 패션 브랜드 '르메르 Lemaire'의 매장으로 꾸며져 있지만 빨간 카펫이 깔린 계단을 따라 올라가면 사방을 아트 서적으로 빼곡히 채운 서점 '트웰브 북스 Twelve Books'가 나타난다. 커다란 식물 사이사이에 사람들이 앉아서 책을 읽고 있는 풍경이 이채롭다. 여기서 다시 엘리베이터를 타고 지하로 내려가면 별안간 곳곳에 커다란 조명과 의자가 놓인 전시장이자, 공부와 일을 자유로이 겸할 수 있는 넓은 도서관이 펼쳐진다. 한쪽에는 스낵을 사 먹을 수 있는 키오스크와 전시 작가의 익스클루시브 작품집을 구매할 수 있는 코너가 마련되어 있다. 하지만 공간 안에 서로를 가로막는 벽은 없다. 만드는 과정에서도 벽과 복도, 천장에는 아무것도 손대지 않았다. 이는 최소한의 것으로 최대한의 매력을 이끌어내는 디자인의 열린 가능성을 의미하기도 하지만, 그 무엇도 포용할 수 있다는 공간의 유연한 의지로도 읽힌다.

SKWAT

KEISUKE NAKAMURA
나카무라 게이스케

다이케이 밀스 대표, 스콰트 크리에이티브 디렉터

ATSUSHI HAMANAKA
하마나카 아쓰시

트웰브 북스 Twelve Books 대표

YOSHIKO EDSTRÖM
에드스트롬 요시코

에드스트롬 오피스 Edström Office 대표

“최소의 디자인이 최대의 매력으로 다가오기도 합니다”

(왼쪽부터) 에드스트롬 요시코, 하마나카 아쓰시, 나카무라 게이스케

스콰트라는 이름에 담긴 의미는 뭔가요?

나카무라 게이스케(이하 나카무라): 영국이나 독일 등지에서 비어 있는 부동산이나 버려진 토지를 점거해 스튜디오로 사용하는 행위를 '스콰팅 squatting'이라고 하는데요, 영국에서 공부할 때 그런 공간을 다니면서 신선한 충격을 받았어요. (올해 열려야 했지만 코로나19로 취소된) 도쿄 올림픽이 끝나면 비어 있는 부동산이 많을 거라 생각했고, 그런 공간을 빌려 재미있는 프로젝트를 기획하면 어떨까 싶었죠. 아오야마 동네 전체를 활성화하는 데 기여하고도 싶었고요. 1층엔 프랑스 패션 브랜드 르메르 매장이 있고, 2층엔 서점 트웰브 북스가 있고, 지하엔 파크 Park라는 이름 아래 전시를 진행하는 등 용도가 자유로운 공간을 구현했습니다.

팝업 형태로 알고 있는데, 언제까지 이 장소에 있을 건가요?

나카무라: 일단 2021년 3월까지는 계약돼 있고요, 그 이후에는 또 다른 장소에서 스콰트 프로젝트를 진행할 거예요. 그것이 스콰팅의 본질이기도 하고요.

공간을 만들 때 중점을 둔 부분은 무엇인가요?

나카무라: 공간 설계를 10년 정도 하면서 늘 생각한 것이지만, 일본의 공간 디자인은 유행을 따르거나 외국 것을 그대로 받아들이는 부분이 많아요. 스타일이 점점 다 비슷비슷해진 만큼 멋진 공간이 없어지고 있죠. 이번 프로젝트는 이 건물 자체가 지닌 장점을 최대한 살리는 데 중점을 두었습니다. '최소한의 것을 더해 최고의 스페이스를 만들자'가 디자인의 기본 줄기라고 할 수 있겠네요. 예를 들면, 처음 이곳에 왔을 때 곳곳에 빨간색 페인트가 흔적처럼 남아 있었습니다. 그래서 공간의 특징을 빨간색으로 잡고 디자인적으로 효과를 내기 위해 케이블과 카펫 등을 빨간색으로 통일했죠. 천장의 조명등과 책장은 예전 시보네 Cibone(도쿄의 대표적 편집숍으로 나카무라가 디자인 설계를 맡았다)에서 쓰던 것을 그대로 가져왔어요. 최소한의 보수를 거쳐 최고의 퍼포먼스를 내도록 덧입힌 디자인이라 할 수 있죠.

이곳만의 특별한 운영 방식이 있나요?

하마나카 아쓰시(이하 하마나카): 보통 여러 매장과 브랜드가 함께 있는 백화점이나 쇼핑몰의 경우 각 매장이 따로 임대 계약을 맺어 개별적으로 사용하죠. 손님은 특정 브랜드를 보러 오고, 그 공간의 오너는 해당 숍을 찾는 손님만 상대합니다. 매장과 매장 중간에 벽이 있기 때문에 누가 들어오고 나가는지 전혀 알 수가 없어요. 그런데 저희는 르메르, 트웰브 북스, 파크까지 하나의 팀으로 공간 전체를 빌린 거예요. 그러니까 층별로 다른 공간이지만 동시에 같은 공간인 셈이죠. 덕분에 손님은 한꺼번에 모든 공간을 돌아다니면서 몇 번이고 오르락 내리락할 수 있게 되는 겁니다.

손님에게 어떤 경험이나 서비스를 제공하고 싶나요?

나카무라: 계획되어 있지 않고 계산하지 않는 자유요. 사실 지금까지 경험하지 못한 신선한 느낌이나 재미있다는 기분을 줄 수 있으면 그걸로 충분합니다. 물론 이 장소를 통해 양질의 디자인, 옷, 건축을 제안하기 때문에 일본 전체의 비슷비슷한 숍의 레벨을 높이고 싶은 의도도 있지만요.

에드스트롬 요시코(이하 에드스트롬): 일본은 항상 너무나 친절하게, 일말의 실수도 없이 과잉 서비스를 하는 나라로 유명해요. 하지만 저희가 풀어내는 '오모테나시(お持て成し, 환대)'의 방식은 보다 자유롭습니다. 무언가를 꼭 제공하겠다는 마음이 아닌, 손님 각자가 느낄 수 있는 다양한 감각을 소중히 다루고 싶은 마음입니다.

하이브리드에 가까운 숍이군요. 동의하나요?

나카무라: 맞는 것 같아요. 패션·책·디자인·아트·건축이 모두 어우러져 있지만 공간 안에 서로를 가로막는 벽이 없으니까요. 만드는 과정에서 볼 때도 벽과 복도, 천장에는 아무것도 손대지 않았어요. 계단과 이어지는 난간의 책꽂이를 봐주세요. 예전 공사 현장에서 인부들이 떨어지지 않게 만들어놓은 파이프 지지대를 길이만 잘라서 책장으로 변신시킨 거예요. 콘텐츠뿐만 아니라 하드웨어도 약간의 발상의 전환만으로 전혀 새로운 것을 만들어낼 수 있는 것이죠.

에드스트롬: 재료 면에서도 그래요. 1층 르메르 매장의 경우 100년 된 민가에서 디자인 기둥과 받침을 가져와 세웠거든요. 이곳을 위해 새로운 나무를 베어 무언가를 만든 건 전혀 없습니다. 저희의 이런 디자인 방식을 르메르 본사에도 매우 환영했습니다.

숍의 중심이라고 할 만한 장소가 있다면 어디인가요?

나카무라: 출입구요. 입구에 들어오면 바로 2층으로 올라갈 수 있는 계단이 빨간색 카펫으로 이어져 있거든요. 궁금증을 불러일으키면서 동선을 위로 끌어올리죠.

에드스트롬: 자연스럽게 흐르는 동선이 만드는 시너지가 있어요. 2층에 가더라도 무의식적으로 내려가 차근차근 구석구석 둘러보게 되는 어떤 흐름이 있다고 할까요? 스콰트에는 독특한 기분이 들게 하는 에너지가 있죠.

하마나카: 맞아요. 분명 3층 건물인데 마치 하나의 덩어리로 보이거든요. 하나의 단위로 돌아다닐 수 있는 공간은 사실 흔치 않아요. 밖에서는 보이는 정보가 전혀 없기 때문에 입구로 들어오면 '이 계단은 뭐지?' 하는 기분으로 올라가게 되죠. 그리고 막상 올라가면 "와, 이렇게 많은 책과 넓은 공간이라니!" 하는 놀라움과 임팩트를 줘요. 그런 점에서 1층 입구는 미스터리한 공간인 것 같아요. 그것을 의식했기 때문에 저희에겐 입구의 이미지가 더욱 중요했어요.

흥미로운 공간에 가면 그곳을 만든 오너가 궁금해집니다.
오너의 삶의 태도나 가치관이 실제 공간에 묻어난다고 생각하는데요?

하마나카: 비싸고 좋은 물건은 돈을 지불하면 살 수 있지만, 자신만의 감각으로 믹스 매치하는 것은 의외로 어려워요. 캠핑 의자에 퍼 fur를 매치한다든가, 그 옆에 큰 식물과 커다란 디자이너 조명을 함께 놓는 감각은 흉내 내고 싶어도 쉽지 않거든요. 나카무라의 집이나 사무실도 디자이너의 오리지널 제품이나 리사이클 숍에서 싸게 구입한 것들을 이리저리 매치해놨는데, 그게 그만의 오리지낼리티인 것 같아요. 전체적으로는 정말 자연스럽고 편안해 보여서 손님들에게 더욱 분명한 캐릭터로 각인되지 않나 싶어요.
나카무라: 저는 앞엔 물이 흐르고 뒤엔 산이 있는 자연으로 가득한 시즈오카의 시골에서 어린 시절을 보냈어요. 그래서 공간에도 자연의 풍경, 편안함이 느껴지는 조형물, 그리고 여백 같은 것을 중시하는 편입니다.

스콰트의 경우, 코로나19가 퍼지고 있는 와중에 생긴 숍이에요.

하마나카: 외출을 최대한 자제해야 하기 때문에 사람들은 선택에 더 예민한 것 같아요. 이곳에 오는 손님들의 반응을 들어보면 공간도 넓고 의자가 많아 편안하면서도 자유롭다는 느낌을 받는대요. 집에 계속 갇혀 있다 보면 아무래도 힘들게 마련인데 여기서는 말 그대로 피지컬한 감각으로 해방된 기분을 만끽하나 봐요. 이동에 제한이 없던 시절에는 어디든지 자주 방문했지만 이제는 반드시 갈 필요가 있을 때만 움직이잖아요. 인터넷으로도 물건은 얼마든지 살 수 있으니, 더욱 특별한 체험이 가능한 공간성이 중요해지는 것 같아요.

스콰트가 도쿄의 리테일 신에서 어떤 역할을 하길 바라나요?

나카무라: 공간을 이해하는 데 필요한 본질적인 것(디자인과 아이디어)만 있다면 최소한의 노력으로도 특별한 공간을 만들 수 있다는 걸 제안하고 싶어요. 그러니까 스콰트의 존재는 앞으로의 가능성을 강조하기 위한 프레젠테이션 모델이라고도 할 수 있겠네요.

Impression

"누구든지 이곳에 와서 자신만의 시간을 자유로이 쓸 수 있다면 좋겠다고 생각했어요.
책을 보다가 지하 키오스크에서 스낵을 사 먹을 수 있고, 서류 작업도 아무 데서나 할 수 있는 공간요."

미디어와 문화를 담아낸 공간

ADDRESS 611 North Fairfax Ave., Los Angeles, CA
WEBSITE wearebraindead.com
INSTAGRAM @wearebraindead
FOUNDED 2020년
PRODUCTS 의류, 가구, 생활 소품

Brain Dead Studios

브레인 데드 스튜디오스

BRAIN DEAD STU
NOW OPEN
WED TO SU
BRAIN-DEAD
STUDIOS
4D
MEDIA
COMPANY
BD
BOOKS

BRAIN-
DEAD))
BRAIN-
DEAD))

코로나19로 문을 닫은 숍이 하나둘 늘어나기 시작하던 2020년 가을, 근래 가장 '핫'한 브랜드로 급부상하고 있는 브레인 데드의 플래그십 스토어가 LA 페어팩스 Fairfax 거리 아주 오래된 극장 자리에 오픈했다. 2014년 디자이너 카일 응 Kyle Ng과 아티스트 에드 데이비스 Ed Davis가 하이컬처와 서브컬처, 주류와 비주류의 경계 사이에서 특별한 문화를 형성하기 위해 설립한 브레인 데드는 공포 영화 포스터를 프린팅한 티셔츠를 팔면서 시작한 작은 브랜드였지만, 이제는 아페쎄 A.P.C., 컨버스 Converse, 노스 페이스 The North Face 등 굵직한 브랜드와 협업할 만큼 빠르게 성장했다. 강렬하고 인상적인 그래픽과 다양한 문화를 대변하는 라이프스타일을 브랜드 아이덴티티로 정의한 탓에 마니아층의 유입 경로도 다양하다. 브레인 데드 스튜디오스란 이름으로 세운 플래그십 스토어는 옛 극장 터를 시각적 요소로만 활용한 것이 아니라, 실제 극장으로도 활용한 점이 독특하다. 자신들이 선별한 영화를 상영하고, 상영한 영화를 주제로 숍의 디스플레이나 인테리어 요소에 변화를 준다. 즉 고정된 형태의 숍이 아닌, 살아 움직이는 숍에 가깝다. 고객이 한 번의 방문으로 숍을 파악할 수 없는 것도 브레인 데드 스튜디오스만의 특이점. 지속적으로 영화를 상영하고 그에 따라 숍의 인상이 완벽하게 변하니, 고객 입장에선 지속적으로 브레인 데드가 지향하는 문화를 경험하고 싶을 수밖에 없다. 숍 오프닝 때는 브랜드 탄생에 영감을 준 공포 영화 <나이트메어>를 상영하기도 했다. 오프라인 매장을 물건을 팔기 위한 디스플레이 쇼룸으로 사용하기보다 다양한 문화 체험을 할 수 있는 종합 예술 공간으로 재해석한 것이다. 젊은 감각의 문화인들이 모이는 영화·음악·예술 등 이벤트 허브로 자리하는 것이 브레인 데드 스튜디오스의 궁극적 목표다.

EXIT
私は好奇心の強い女
PROJECTION
BOOTH
NO ONE WELCOME

BRAIN-
DEAD

VAMPIRE
EFFECT
TWINS
Manso Video
Mamobi

KYLE NG
카일 응

브레인 데드 공동 창립자·대표

“다양성과 새로움을 받아들이세요”

브레인 데드 스튜디오스는 스트리트 웨어 브랜드 숍이 많은 페어팩스 거리에
오픈했습니다. 특별한 이유가 있나요?

여러 문화가 공존하는 거리인 페어팩스는 늘 흥미로운 곳이었습니다. 하지만 결정적으로 여기에 터를 잡은 이유는 이 극장 때문입니다. 1942년에 지어 역사적으로 의미가 있는 이곳은 무성 영화관 건물 안에 위치한 시네 패밀리 Cine Family라는 극장인데요, 제가 어릴 적 가장 많은 시간을 보낸 장소이기도 하죠. 이 극장에서 수없이 보고 들은 영화와 음악 때문일 수도 있어요. 그만큼 제게는 노스탤지어가 많이 느껴지는 곳입니다. 그런데 올해 코로나19가 한창일 때 이곳을 인수할 기회가 생긴 거예요. 모험일 수도 있지만, 다행히 옷을 팔아서 돈은 벌고 있으니 그 돈으로 우리가 보고 싶은 영화를 상영하고 싶다는 생각이 들었죠. 올해 팬데믹으로 커다란 영화관이 문을 닫고 점점 더 다양한 문화 체험을 할 수 있는 작은 공간도 사라져가는 것이 안타까웠는데, 세상이 다시 좋아지면 갈 곳을 잃은 문화인들에게 새로운 허브를 제공할 수 있는 꽤 훌륭한 아이디어 같았어요. 저희는 이 거리에 있는 슈프림 Supreme 같은 스트리트 웨어 브랜드들과는 좀 다르다고 생각합니다. 미디어를 통해 형성된 문화를 소비자와 공유하는 라이프스타일 브랜드에 가깝거든요. 저희의 고객들은 이 거리를 지나치면서 들르는 것이 아니라, 저희를 찾아오려고 이 거리로 옵니다.

영화 관련 상품을 중심으로 성장했는데,
어떤 영화가 브레인 데드의 이미지와 잘 맞을까요?

딱 잘라서 제한을 두고 싶진 않지만, 과장(campy)된 컬트 영화가 저희와 잘 맞는다고 생각합니다. 저는 특히 공포 영화 광팬이에요. 제가 가장 좋아하는 <나이트메어>는 저희 브랜드가 가장 먼저 협업한 상품 라인이라 의미가 큽니다. 공포 영화 외에도 여러 장르의 단편영화, 아트 하우스 필름, 독립 영화도 브레인 데드가 섭렵하고 있습니다. 저희가 상영할 영화의 주제도 매달 바꿀 계획인데, 다음 기획의 이름은 '새 살(New Flesh)'이며 변화, 성형, 정체성, 트랜스젠더, 퀴어에 관한 영화를 리스트에 올리고 있습니다. 그다음은 사이버 펑크 테마로 계획하고 있고요. 공포 영화가 브랜드의 코어에 있지만, 우리가 생각하고 있는 주제와 콘셉트에 따라 브랜드의 스타일과 상영 영화도 변화를 줄 예정입니다. 사실 핼러윈 때 <엑소시스트>를 상영하고, 관련 상품을 같이 진열하려고 했는데 코로나19 때문에 영화 상영 자체가 금지되어 물건만 팔아서 좀 안타까웠어요.

당신이 좋아하는 감독이나 영화 리스트가 궁금해집니다. 몇몇을 공유해줄 수 있나요?

데이비드 린치 David Lynch의 영화와 리들리 스콧 Ridley Scott 의 <에일리언>을 특히 좋

아하고요, 폴 버호벤 Paul Verhoeven, 다리오 아르젠토 Dario Argento, 데이비드 크로넨버그 David Cronenberg, 베르너 헤르조크 Werner Herzog는 모두 제가 존경하는 감독들이죠. 근래에는 드니 빌뇌브 Denis Villeneuve의 모든 영화와 요르고스 란티모스 Yorgos Lanthimos의 <더 랍스터>, <송곳니>를 정말 재미있게 봤어요. 영화 제작사인 A24나 네온 Neon에서 선보이는 영화는 거의 찾아보고 있고요, 실험적인 애니메이션에도 푹 빠져 있습니다.

브랜드만큼 특이한 이 공간을 방문하는 소비자가 어떤 경험을 하길 바라나요?

다양한 공간에서 풍부한 문화를 체험할 수 있으면 좋겠습니다. 예를 들어, 디즈니도 콘텐츠를 중심에 두고 디즈니 스토어에서 여러 가지 재미를 주듯이 여기 찾아오는 손님들이 극장, 카페, 레스토랑 등의 공간을 이용해 우리 브랜드 컬처의 DNA를 다양한 채널을 통해 접하길 원해요. 브레인 데드와 소비자가 소통을 많이 할 수 있으면 좋겠어요. 가령 꼼데가르송 Comme des Garçons이 전개하는 도버 스트리트 마켓 Dover Street Market처럼 많은 오프라인 숍이 이 트렌드를 따라갈 것 같아요. 점점 소비자가 주도하는 마켓으로 전향될 것이라 물건만 팔기보다는 브랜드와 소비자의 지속적 관계에 중점을 둬야 한다고 봅니다.

어떻게 보면 극장과 패션 브랜드 숍은 속성이나 목적이 다른데, 어떻게 서로 어우러지도록 인테리어를 구성했는지 궁금합니다.

동선의 흐름을 자연스럽게 이어지도록 하고, 인테리어가 통일된 느낌을 주도록 신경을 썼어요. 극장은 입구 쪽에 위치해 있고, 거길 지나면 그린 룸 Green Room이라 부르는 브랜드 쇼룸이 있습니다. 코로나19 때문에 아직 시작을 못 했지만, 뒤쪽 공간에는 시간을 보낼 수 있는 레스토랑과 바를 운영할 계획을 갖고 있어요. 전 원래 회반죽을 사용한 어도비 adobe 벽돌에, 석고를 사용한 정교한 벽 장식인 스투코 stuco 양식으로 마무리한 통일성 있는 공간을 원했는데요, 공사를 하면서 드러난 이 건물의 원형인 나무 구조물이 너무 마음에 들어서 나무 소재를 더 많이 사용하기로 했죠. 찾아오는 고객들에게 인위적인 것보다는 따뜻한 느낌으로 편안함을 주고 싶었거든요. 한마디로 표현한다면 초현실적인 유기농(surreal organic)이라고 할까요?

팬데믹으로 인해 브랜드가 어떤 영향을 받았나요?

신기하게도 저희 브랜드는 팬데믹 상황에서 판매량이 다섯 배나 증가했습니다. 브랜드가 소비자와 직접적인 관계를 가져야 한다는 중요성을 완전히 깨닫는 계기였죠. 오프라인 가게들이 문을 닫으면서 온라인 판매가 증가한 영향도 있지만, 블랙 라이브즈 매터 Black Lives Matter 운동의 움직임이 커지면서 저희 브랜드에 대한 관심도 커졌습니다. 왜냐하면 저희는 소셜 미디어를 통해 그들의 항의와 분노에 동조하고, 다양성을 존중해야 한다고 목소리를 높였거든요. 그래서 많은 사람이 다양성을 존중하는 브랜드인 브레인 데드에 대해 더 알게 되고 공감하며 팔로하게 되었어요. 브랜드 마케팅이 아니라 이런 사회적 이슈는 우리 브랜드 중심에 있는 가치관 중 하나이기 때문에 가만히 있을 수가 없었죠. 그래도 극장에서 영화를 상영하지 못하고 있어서 좀 답답하긴 합니다. 극장을 중심으로 쇼룸을 큐레이팅해야 하는데, 요새는 앙꼬가 빠진 팥빵인 셈이죠. 그래도 방침에 따라서 최대한 안전하게 숍을 운영하고 있습니다. 팬데믹이 끝나면, 주 4일 또는 6일 주기로 신나게 극장을 운영할 계획입니다. 벌써 플레이리스트도 다 정해놨고, 극장도 최신 시설로 리모델링했고, 164개의 좌석 또한 마련했죠.

장르 불문하고 정말 다양한 아이템이 있는데, 브레인 데드가 특별히 주력하는 물건이 있나요?

브레인 데드는 옷만 파는 패션 브랜드가 아니라 문화와 라이프스타일을 다루는 브랜드입니다. 즉, 저희 느낌에 맞는 물건이면 다 섭렵하려고 합니다. 아페쎄, 노스페이스와는 옷을, 컨버스와는 신발을, 모더니카 Modernica와는 가구를 함께 만드는 이유이기도 해요. 그래서 인지 온·오프라인에서 판매하는 물건이 한 분야에 몰리지 않고 정말 다양합니다. 카펫, 티셔츠, 텀블러, 가방, 액세서리 등 골고루 잘 팔려요. 아마도 소비자들이 저희 브랜드를 잘 이해하고 있는 듯해요. 주요 소비자층은 문화에 관심이 많고, 특이한 것을 좋아하는 사람들이거든요. 저 역시 저희가 파는 물건의 팬입니다. 가구부터 시작해 작게는 비누까지 모든 물건을 다 사용하고 있습니다.

"이곳을 통해 대기업에 좌지우지되는 상업 영화 말고, 지나간 영화나 아트 하우스에서 볼 수 있는 영화를 소개할 생각입니다. 다양한 콘텐츠가 DNA인 브레인 데드를 선보이는 최적의 장소인 거죠."

ALEX EAGLE STUDIO
알렉스 이글 스튜디오

아트 갤러리와 리테일 숍의 공존

패션 & 라이프스타일 편집숍 알렉스 이글 스튜디오는 쇼핑에 큰 관심이 없는 사람도 지나가다 한 번쯤 들르게 만드는 곳이다. 무늬 없는 하얀 벽과 바닥에 반사된 빛이 꽉 찬 내부는 집의 포근함과 아트 갤러리의 공간감, 리테일 숍의 활력이 자연스럽게 조화를 이룬다. 굳이 무언가를 사지 않거나 여유롭게 시간을 보내다 가더라도 눈치 주는 이는 없다. 창립자이자 크리에이티브 디렉터인 알렉스 이글 Alex Eagle은 패션 매거진 <탱크 Tank>와 <하퍼스 바자 Harper's Bazaar>, 패션 브랜드 조셉 Joseph의 홍보 담당을 거치며 유려한 안목을 키웠고, 2014년 자신의 이름을 건 편집숍을 시작하며 큰 주목을 받았다. 몇 달이 지나면 한풀 꺾이는 트렌드는 이곳에선 찾아볼 수 없다. 그는 쇼핑 방식의 변화를 주목한다. 수많은 편집숍이 나름의 큐레이션을 내세우고 있지만, 패션만으론 요즘 소비자의 기대에 미치지 못한다는 것이 그의 생각이다. 의류·홈웨어·가구·도자기·아트·음악·희귀한 책 등 삶의 다양한 영역에 걸친 편집을 진행하는 이유다. 많은 것을 온라인에서 즉시 구매할 수 있는 시대, 오프라인 매장을 찾는 소비자는 온라인에서 얻지 못하는 색다른 경험을 원한다. 화려한 디스플레이 대신 아트와 제품이 유기적으로 어우러진 공간은 누군가의 거실을 둘러보는 듯한 경험을 제공한다. 예술과 라이프스타일을 중시하는 글로벌 멤버십 클럽 '소호 하우스 Soho House'와의 관계도 특별하다. 소호 플래그십 매장 외에 2개의 분점은 소호 팜하우스와 소호 하우스 베를린에 위치한다.

LONDON

ADDRESS 6-10 Lexington St., London
WEBSITE alexeagle.co.uk
INSTAGRAM @alexeaglestudio
FOUNDED 2014년
PRODUCTS 의류, 예술 작품, 가구

ANDREAS MURKUDIS
안드레아스 무르쿠디스

사적 취향이 만든 아름다움

베를린의 패션을 주도하는 안드레아스 무르쿠디스는 콘셉트 숍을 부정한다. 그는 자신이 좋아하는 것이라면 어떤 장르든 상관없이 수집하고 진열해 판매한다. 자신의 이름을 숍 이름으로 내건 이유다. 안드레아스 무르쿠디스의 공간은 <타게스슈피겔 Tagesspiegel> 신문이 인쇄소로 사용하던 곳으로 2003년 건축가 듀오 유디트 하제 Judith Haase와 피에르 조르주 곤살레스 Pierre Jorge Gonzalez의 손을 거쳐 재탄생했다. 산업미와 미니멀리즘을 정교하게 섞은 이 숍은 7.5m 높이의 층고와 990m²의 공간 규모 자체에 한 번, 공간을 띄엄띄엄 채우고 있는 의류와 액세서리·가구·세라믹·술·향수·책 등 어디 내놓아도 빠지지 않는 취향의 최전선을 달리는 아이템에 한 번 더 압도된다. 앤 드뮐미스터 Ann Demeulemeester, 요지 야마모토, 아스티에 드 빌라트 Astier de Villatte, 플로스 Flos, ECM 등 안드레아스 무르쿠디스에서 취급하는 브랜드는 품목만큼이나 다양하다. 물론 간결한 미학과 높은 품질이라는 공통된 키워드는 있다. 곧 오랜 시간 곁에 두고 싶은 아름다운 물건인 셈이다. 2003년 문을 열었지만 여전히 이곳이 베를린의 패션 신을 주도하는 이유다. 안드레아스 무르쿠디스를 상징하는 숍은 포츠다머 거리 81번지에 있지만, 77번지와 98번지에도 또 다른 콘셉트의 숍이 있다. 77번지는 가구에 집중한 숍이, 98번지는 그가 지향하는 리빙 인테리어를 한눈에 담아낸 모델하우스가 있어 안드레아스 무르쿠디스의 세계관을 완성한다.

BERLIN

ADDRESS Potsdamer Straße 81, Berlin
WEBSITE andreasmurkudis.com
INSTAGRAM @andreasmurkudis
FOUNDED 2003년
PRODUCTS 의류, 액세서리, 리빙 제품

ALEX EAGLE STUDIO

18

ANALOG
아날로그

타이포그래피의 가능성

베를리너 그로테스크 Berliner Grotesk, 에프에프 메타 FF Meta 등 타이포그래피 디자인 역사에 길이 남을 타이프 페이스를 디자인한 에릭 슈피커만 Erik Spiekermann의 타이포그래피 열정은 자신의 프린트 갤러리인 P98a로 이어졌다. 그는 P98a를 실험적 레터프레스 워크숍으로 간결하게 정의했지만, 그 이면에서는 타이포그래피, 프린팅, 컬렉팅, 출판, 그래픽 디자인 등 레터와 프린팅 그리고 종이가 할 수 있는 모든 실험의 장으로 기능했다. 아날로그는 P98a가 전개하는 오프라인 숍으로, 인쇄 매체에 관한 모든 걸 다루고 판매하는 독특한 공간이다. 종이의 성지라 부를 수 있을 정도로 이곳엔 전 세계에서 제작하는 책과 잡지가 공간에 한가득 쌓여 있다. 일반 서점과 다른 점은 서적만을 판매하는 게 아니라 전시, 워크숍, 발표회 등 타이포그래피와 관련한 것이라면 뭐든 가능한 멀티스페이스라는 점이다. 갤러리에 가까운 인테리어를 택한 것이 특징인데, 화이트 큐브를 닮은 공간에는 게슈탈텐 Gestalten과 케러 Kehrer, 비르코이저 Birkhäuser 같은 출판사의 디자인 서적과 베를린의 대표 디자인 서점 '두 유 리드 미?! do you read me?!'에서 큐레이션한 잡지가 닐스 홀거 무어만 Nils Holger Moormann이 디자인한 서랍장과 선반에 진열돼 있다. 타이포그래피가 돋보이는 에스프레소 잔, 빈티지 타자기와 문구, 각종 노트와 엽서, 포스터도 이곳만의 볼거리다.

BERLIN

ADDRESS Potsdamer Straße. 100, Berlin
WEBSITE p98a.com/analog
INSTAGRAM @analog_berlin
FOUNDED 2019년
PRODUCTS 사진·건축·디자인 관련 서적, 잡지, 디자인 소품

IN A STATION
인 어 스테이션

가구와 재즈, 아트 북 그 사이

인 어 스테이션은 '마쓰미자카우에'라는 고마바 지역의 한 버스 정류장 앞에 있는 숍이다. 출발은 가구이지만 목적지는 알 수 없다. 가구를 사러 왔다가 재즈 LP 음반을 살 수도, 마음에 쏙 드는 아트피스를 구입할 수도, 혹은 희귀한 사진집을 손에 넣을 수도 있다. 갤러리와 쇼룸, 숍을 겸비한 공간은 자유롭고 새로운 플랫폼을 지향한다. "역은 사람이 모이는 장소를 의미하죠. 다양한 물건과 사람, 정보가 모이는 갤러리 숍이 되었으면 합니다. 그리고 상호명은 더 밴드 The Band가 1968년 발표한 곡 '인 어 스테이션'을 의미하기도 해요." 점주 아쓰타 사토시 Satoshi Atsuta의 말이다. 인 어 스테이션은 가구점이지만 단순히 가구를 디자인하거나 빈티지 가구를 판매하지는 않는다. 멋진 가구를 두는 것만으로 좋은 공간이 되지 않는 것처럼 이곳에서는 가구와 음악, 아트, 책 등이 모두 동등한 위치를 차지한다. "평소 자신만의 라이프스타일이나 취미 또는 감수성이 있어야 그 연장선상에서 좋은 가구도 의미가 있는 것 같아요. 우리는 독자적 심미안으로 골라낸 것을 판매하는 하이브리드를 지향합니다." 인 어 스테이션이 독보적으로 빛을 발하는 건 유행에 휩쓸리지 않고 각기 다른 맛이나 느낌을 섞어 새로운 분위기를 내보이고 있기 때문이다. 취급하는 품목은 저마다 독특한 개성을 지녔지만, 일관된 흐름으로 읽힌다. 그것은 바로 멕시코 등 중남미 지역을 향한 관심과 애정이다. 예를 들면 마리오 파트론 Mario Patron의 재즈 음반에 이국적 터치가 물씬 풍기는 일러스트레이터 다케우치 슌타로 Shuntaro Takeuchi의 그림과 오브제를 매치하거나, 직접 만든 테이블 위에 컬러사진 개척자로 불리는 폴 아우터브리지 Paul Outerbridge가 찍은 멕시코와 캘리포니아 사진 작품집을 펼쳐두는 식이다.

TOKYO

ADDRESS 1 chome-23-6, Komaba, Meguro-ku, Tokyo
WEBSITE in-a-station.com
INSTAGRAM @in_a_station
FOUNDED 2019년
PRODUCTS 가구, 음반, 아트

ANALOG

Use your fucking brain.
Better done than prfect.
IT'S ALL READY, IT JUST
Code is today what nuts&bolts were 100 years
Design will save the world. Just after Rock&Roll does.

AND MORE

IN A STATION

CASICA
카시카

물건의 의미와 가치

카페, 갤러리, 숍, 아틀리에, 촬영 스튜디오…. 카시카를 수식하는 단어는 그야말로 무궁무진하다. 그러니 이곳을 굳이 특정한 이름으로 규정하거나 분류하는 것은 큰 의미가 없다. 카시카가 있는 건물은 과거 목재 창고였다. 현재의 모습으로 레노베이션해 지금의 공간으로 오픈한 건 2017년의 일이다. 그때부터 지금까지 이곳은 변함없이 흥미로운 콘셉트와 풍부한 콘텐츠로 도쿄의 트렌드세터에게 폭넓은 사랑을 받고 있다. 13m에 달하는 높은 층고와 약 992m²의 탁 트인 공간은 복잡한 도쿄 도심 안에서는 느낄 수 없는 해방감을 준다. 벽 전체를 뒤덮은 방대한 소품 컬렉션과 고가구, 한쪽에 마련된 식물 디스플레이는 시간이 멈춘 듯 오묘한 풍경을 자아낸다. 도대체 어디서 온 것인지 모를 물건 하나하나에 시선을 빼앗기다 보면 마치 거대한 영화 세트장 한복판에 들어와 있는 듯한 기분이 든다. 실제로 이곳을 설계한 인테리어 사무소 서커스 Circus의 아트 디렉터 스즈키 요시오 Yoshio Suzuki는 디렉터 히키타 마이 Mai Hikita와 함께 때때로 일본 전역을 직접 돌아다니며 다양한 시대와 지역 그리고 사람이 만든 물건을 개인전 혹은 경매를 통해 공수해온다. 카시카가 도쿄의 여느 편집숍과 다른 지점이 바로 여기에 있다. 특정한 브랜드나 값비싼 것, 새로운 것, 유명한 것을 고집하지 않는 유연성. 물건 자체가 지닌 개성은 카시카가 그 현대적 의미와 가치를 재정의하는 기준이다. 그러니까 가구부터 민예품, 러그, 월 데코, 책 등 믹스매치의 즐거움을 만끽하고, 자신만의 취향을 발견하는 재미가 있는 보물 창고와 같은 이곳은 물건의 가치관을 바꾸고 싶다는 그들의 바람을 현실화한 형태다. "상품에는 이름 외 별다른 캡션을 쓰지 않고 있어요. 처음부터 특정 필터를 씌워 물건을 바라보지 않았으면 합니다." 최근에는 카시카 내에 약선 요리를 콘셉트로 다양한 차와 그래놀라, 육수 등의 건어물도 함께 판매하는 아르케 아포테커리 앤 키친 Arkh Apothecary & Kitchen을 오픈하며 자신들의 세계관을 확장하고 있다.

TOKYO

ADDRESS 1 chome-4-6, Shinkiba, Koto-ku, Tokyo
WEBSITE casica.tokyo
INSTAGRAM @casica.tokyo
FOUNDED 2017년
PRODUCTS 공예품, 가구, 장식품

UNTO THIS LAST
언투 디스 라스트

도시 속에서 자생하는 로컬 가구 공방

언투 디스 라스트는 이케아 Ikea로 대표되는 '패스트 퍼니처 fast furniture'가 세상을 휩쓴 이후에도 소규모 독립 가구 공방이 건재할 수 있는 모델을 제시한다. 이들이 개업한 2000년대 초반엔 기계로 목재를 가공해 가구를 만드는 디지털 성형 방식이 떠오르고 있었다. 언투 디스 라스트 또한 남들처럼 신기술을 적극 활용해 가구를 생산했지만 한계를 느꼈다. 모두가 같은 기술을 사용해 차별화하기 어려웠고, 기계의 정비나 수리를 기다리느라 생산이 매끄럽게 진행되지 못했다. 체급이 다른 이케아와는 가격적으로 경쟁이 되지 않았다. 고민 끝에 체계를 과감히 개편했다. 수작업 비중을 늘리는 방식을 선택한 것. 시류에 반하는 일이었지만 결과는 그야말로 성공적이었다. 나무에 홈을 파는 수동 라우터 router 등 가벼운 장비를 사용한 수작업 비율이 늘자 오히려 공정이 단순해졌고, 전체 생산 시간도 단축됐다. 제품을 진열한 쇼룸과 가구 제작 공방을 같은 공간에 배치한 것도 성장의 주요 요인이다. 소비자는 가구를 직접 구매할 뿐 아니라 자신의 가구가 어떻게 만들어지는지 눈으로 확인할 수 있게 됐다. 언투 디스 라스트가 판매 공간과 생산 라인을 결합한 가장 큰 이유는 효율성 때문이다. 매장에서 바로 고객의 집으로 배송하니 완제품의 보관, 물류에 들어가는 비용이 발생하지 않는다. 주문 후 제작 방식이라 재고가 남을 일도 없다. 런던 내의 고객에겐 자체 차량으로 배달해 불필요한 포장과 운송비도 건너뛴다. 공방 역시 고도의 효율성을 갖췄다. 오차가 적은 절단기를 비롯한 최신 디지털 시스템과 알고리듬을 이용한 3D 모델링은 제작 과정을 단축시켜 인력과 시간, 자재를 절약한다. 45파운드(한화 약 66,000원)짜리 벽에 거는 책상, 170파운드(한화 약 25만 원)부터 시작하는 테이블 등 합리적 가격의 수작업 가구 제작이 가능한 이유다.

LONDON

ADDRESS 230 Brick Lane, London
WEBSITE untothislast.co.uk
INSTAGRAM @untothislast_workshop
FOUNDED 2001년
PRODUCTS 테이블, 의자, 수납장

CASICA

UNTO THIS LAST

FRESHSERVICE HEADQUARTERS
프레시서비스 헤드쿼터스

좋은 취향과 감도로 고른 일상품

1LDK, 그래프페이퍼 Graphpaper, 그리고 히비야 센트럴 마켓 Hibiya Central Market의 기획으로 국내에도 탄탄한 팬층을 거느린 도쿄의 대표 크리에이티브 디렉터 미나미 다카유키 Takayuki Minami가 오픈한 프레시서비스 헤드쿼터스(이하 프레시서비스)는 가공의 운송 회사를 모티브로 한 독특한 스토어다. 실용적 아름다움을 콘셉트로, 운송 회사에서 사용할 법한 기능적이고 심플한 디자인의 어패럴, 액세서리와 리빙 관련 소품을 기본으로 한다. 여기에 오너의 개인적 관점에 맞춰 일본 국내외에서 모은 일상품이 함께한다. 특히 리뉴얼 후엔 공간을 드레스 룸, 리빙 룸과 다이닝 룸 등으로 나누어 하나의 주택 같이 구성한 점이 돋보인다. 먼저, 파란 문의 현관을 열고 들어가면 누군가의 집에 초대받은 듯 신발을 벗고 헨더 스킴 Hender Scheme의 질 좋은 가죽 슬리퍼로 갈아 신는다. 여기엔 물건을 사야 한다는 부담감보다는 방과 방을 옮겨 다니며 마음 편히 보길 원하는 오너의 친절한 마음이 담겨 있다. 복도 오른쪽의 가장 큰 다이닝 룸에는 오브제와 조명, 식기류가 자리한다. 특정 국가나 장르에 구애받지 않는 폭넓은 시선은 그의 전방위적 경력, 자유로운 삶의 방식과 맞닿아 있다. 실제로 원하는 만큼 디자인 체어에 앉아보고 소파에서 쉬기도 하는 등 자유로이 거실을 돌아다니는 느낌이 든다. 가장 안쪽 방은 프레시서비스가 전개하는 오리지널 의류와 소품을 감각 좋은 친구의 드레스 룸처럼 꾸며놓은 곳. 무엇 하나 튀지 않지만 고급스럽고, 틀에 얽매이지 않은 동시에 단정하면서도 심플한 스타일이 가득하다. 프레시서비스가 추구하는 감성이 마음에 든다면 인테리어나 내장 디자인 상담도 가능하다. 디자이너 빈티지 가구의 매입을 담당하는 '모토 빈티지 Motto Vintage'와 협업해 세계 각국의 빈티지 가구를 엄선하며, 구입 후의 유지·보수도 책임진다.

TOKYO

ADDRESS 1F, 2 chome-13-14, Jingumae, Shibuya-Ku, Tokyo
WEBSITE freshservice.jp
INSTAGRAM @freshservice_headquarters
FOUNDED 2018년(2019년 7월 리뉴얼)
PRODUCTS 의류, 리빙 & 라이프스타일 제품

UHJJUHDAH PROMENADE
어쩌다 산책

무용함의 가치를 전하는 서점

어쩌다 산책은 목적 없이 떠돌다 우연히 발견하게 되는 근사한 풍경 같은 곳이다. 특별한 설명이 덧붙지 않은 수많은 서적 사이를 거닐다 보면 예상치 못한 곳에서 손길을 이끄는 책을 찾게 된다. '무용하고 아름다운 시간'이라는 슬로건이 이곳의 전체 분위기를 아우르고 있는데, 이는 어쩌다 산책이 그 어떤 것도 강요하지 않기에 가능한 일이다. 공간 안에서 반드시 무언가를 느끼거나 구매해야 한다는 무언의 압박이 없는 이곳은 머무는 이들이 각자 느낄 수 있는 만큼의 영감을 가져가길 바란다. '어쩌다 가게', '어쩌다 집' 등 공간 기획을 주로 진행해온 '어쩌다 프로젝트'는 2016년 '어쩌다 책방'을 시작으로 문화 공간의 영역에까지 뛰어들었다. 그 일환으로 2019년 4월에 문을 연 어쩌다 산책은 주된 기능이 서점이지만 카페와 전시실까지 겸한다. 세 공간은 중앙의 자그마한 정원을 중심으로 부드럽게 이어지는 구조인데, 방문하는 이들이 서점부터 전시 공간까지 유연하게 거닐 수 있도록 구상했다. 카페에선 제철 재료를 이용한 음료를 선보이고, 서점에선 계절에 어울리는 감각을 담고 있는 책을 소개해 철마다 색다른 분위기를 연출한다. 그뿐만 아니라 복합 문화 공간으로서 여러 크리에이터 및 브랜드와의 협업으로 팝업 전시나 음감회, 낭독회 등 여러 이벤트를 진행한다. 이 공간에서 이뤄지는 다양한 형식의 프로그램은 글이라는 것이 꼭 책에만 한정되지 않으며, 누구나 읽고 쓰는 행위를 삶 속에 녹여낼 수 있다는 걸 보여준다.

SEOUL

ADDRESS 서울특별시 종로구 동숭길 101 지하 1층
INSTAGRAM @ujd.promenade
FOUNDED 2019년
PRODUCTS 책

FRESHSERVICE HEADQUARTERS

UHJJUHDAH PROMENADE

DUFFEL CENTRE
듀펠 센터

있을 것 다 있는 '원 one 플레이스'

듀펠 센터의 정체를 한 단어로 정의하는 데는 약간의 혼동이 따른다. 패션 스토어인가 하면 식당과 카페, 작은 서점이 있고 라이프스타일 편집숍이 있는 풍경 덕분이다. 이곳은 '세상에서 가장 작은 백화점'이라는 모티브로 2019년 디자이너 안태옥이 문을 연 공간이다. 안태옥은 의류 브랜드 '스펙테이터 Spectator', '네버 그린 스토어 Never Green Store', '홈그로운 서플라이 Homegrown Svpply'의 수장으로서 패션업계와 남성 패션 커뮤니티에서 알려진 이름이다. 듀펠 센터는 그가 6년 가까이 경리단길에서 운영해온 네버 그린 스토어의 매장을 확장·이전하면서 오래 계획한 비전을 실행으로 옮긴 장소다. 그는 경리단길 시절부터 자신의 매장에 옷을 좋아하는 사람이 들어오면 너무 행복해하지만, 그렇지 않은 이들이 같이 매장을 찾은 경우엔 옷 외엔 볼 것이 없어 방황하는 장면을 수차례 지켜봤다. 자신의 브랜드 외에도 비슷한 결을 지닌 다양한 브랜드를 함께 둘러볼 수 있고, 뭔가를 사지 않더라도 커피나 식사를 하며 시간을 보내는 장소가 필요하다고 판단한 것이다. 빌라와 상가 중심의 장안동 주택가, 30년 넘게 목욕탕으로 사용한 구옥을 새로운 아지트로 선택한 이유는 이른바 번잡한 메인 스트림이 아니라, 자기 일에 집중하면서 손님을 맞기에 적당한 온도를 지닌 지역이라는 생각이 들어서이다. 대중 시설인 목욕탕 자리를 고른 것도 다분히 의도적인 선택으로, 이곳을 목적지로 찾는 패션 피플은 물론 동네 사람들과 교신하는 장소로 애용됐으면 하는 바람을 담았다. 지하 1층부터 시작해 3층으로 이어지는 듀펠 센터는 층별로 무드가 완전히 다르고, 마치 쇼핑센터를 압축한 것처럼 작은 푸드 코트와 스타일이 다른 패션·라이프스타일 편집숍이 여러 개 입점해 있다. 모두가 고유의 색깔을 드러내면서도 유기적으로 연동돼 있고, 딱 적당하다 느낄 만한 수준의 친절을 베푼다. 누구든 와서 불필요한 참견 없이 원하는 만큼 머무르다 가도 부담이 없는 이유다.

SEOUL

ADDRESS 서울특별시 동대문구 한천로26길 48-12
WEBSITE anteok.com
INSTAGRAM @duffel_centre
FOUNDED 2019년
PRODUCTS 의류, 액세서리, 책, 커피, 라이프스타일 제품

DUFFEL CENTRE

THE

INTERPLAY

삶에 이로운 라이프스타일을 제안하는 숍의 목적은 생산자와 판매자, 그리고 소비자 간의 관계 맺음을 통해 서로의 삶을 보다 건강하게 만드는 데 있다. 이를 위해 식료품점은 생산자와 원산지의 풍경을 상상하고 느낄 수 있는 장소로, 라이프스타일 숍은 판매하는 제품의 가치를 온전히 담는 장소로 거듭나고 있다. 텃밭을 가꾸는 식료품점과 판매하는 상품을 작품처럼 전시하는 라이프스타일 숍의 등장은 소비자에게 생산자의 진심과 그들의 이야기를 전달할 뿐 아니라, 한 걸음 더 나아가 좋은 삶의 가치를 끝없이 생각하게 만든다.

자연의 일생을 표현한 공간

이트립 소일 Eatrip Soil

에디터 이민경(칼럼니스트) | 포토그래퍼 고마쓰바라 에이스케

—

한국의 아름다움이 깃든 여백

모노하 한남 Mo-No-Ha Hannam

에디터 서재우 | 포토그래퍼 신동훈

—

And more

개더 Gather

오브젝츠 오브 유즈 Objects of Use

마르크탈레 노인 Markthalle Neun

리프마니아 Leafmania

식스티세컨즈 라운지 60Seconds Lounge

레디 투 웰니스 Ready to Wellness

문 주스 Moon Juice

올더 브라더 Older Brother

에디터 알렉스 서, 이상혁, 이민경, 서재우, 신희원, 이경은

자연의 일생을 표현한 공간

ADDRESS Gyre 4F, 5 chome-10-1, Jingumae, Shibuya-ku, Tokyo
WEBSITE eatripsoil.com
INSTAGRAM @eatripsoil
FOUNDED 2019년
PRODUCTS 식료품, 리빙 제품

Eatrip Soil

이트립 소일

eatrip
Soil
Tue-Sat 12:00~19
Sun 12:00~18
Mon Close

오랜 시간 오모테산도의 랜드마크로 자리매김해온 자이레 Gyre 쇼핑몰 4층이 2019년 가을 '자이레 푸드'라는 이름으로 새롭게 리뉴얼했다. 그중 가장 돋보이는 숍은 영화 <리틀 포레스트>의 푸드 디렉터로 잘 알려진 노무라 유리가 오픈한 이트립 소일. 이곳은 '정말 갖고 싶은 것과 필요한 것'에서 착안해 일본 전국 각지에서 엄선한 식료품과 리빙 제품을 모은 그로서리 & 기념품 숍이다. 흙의 거친 생명력을 표현한 내추럴 톤 인테리어와 풍요로운 햇살이 들어오는 넓은 창이 압도적인 매장은 단지 쇼핑을 위한 공간만은 아니다. 매장 한쪽에 마련한 야외 텃밭에 나가 허브 냄새를 맡고 식물을 만져보며 시간과 계절의 변화를 만끽할 수 있다. 매장 옆으로 이어지는 오픈 스페이스는 정기적인 대담과 워크숍, 콘서트 등 사람들과의 공감 및 소통의 장으로 기능한다. 물건을 사는 행위와 선택이 우리 삶에 반영되고, 가까운 미래까지 긍정적으로 연결될 수 있으면 좋겠다는 바람에서다. 무엇보다 그는 매장을 통해 우리에게 생산자의 마음과 고집을, 자연의 섭리와 생의 순환을 느껴보라고 제안한다. 몸에 좋은 것을 어떻게 먹을 것인가에서 한 걸음 더 나아가 우리 생을 어떻게 지키며 살 것인가에 대한 물음과 대답이 여기에 있다.

Soil
Soil
Drink Menu
¥600
¥600
¥500
ジンジャーシロップ

Tokyo
Eatrip
//
Yuri
Nomura

Ome Farm
Ome Farm

YURI NOMURA 이트립 소일 대표
노무라 유리

"생의 아름다운 순환을 본능적으로 느껴보세요"

이트립 소일의 공간에 대해 간단히 설명해주세요.

사람들은 편리한 도쿄에 모이지만, 마음속으로는 시골에 가고 싶어 하는 것 같아요. 그 때문에 저는 사람들한테 일본의 식자재를 소개할 때 자연과 연결되어 있지 않으면 크게 와닿지 않을 거라고 생각했죠. 생산자의 진심과 이야기, 원산지의 풍경을 상상하고 느낄 수 있는 장소가 있다면 분명 땅이나 하늘처럼 어떤 위안을 주지 않을까요? 이트립 소일은 그러한 제 바람을 구현한 장소입니다. 더불어 워크숍이나 라이브 공연을 통해 사람들과 생생하게 교감하는 현장을 만들었으면 했고요. 워크숍의 경우 1달에 2~3회 정도 진행하는데 한방이나 정신과 분야 의사들을 불러 '타임 테라피'라는 이름의 대담을 기획하기도 하고 천연 염색 워크숍 등도 진행합니다. 가끔 계절에 맞는 음악 콘서트도 열고 있어요.

올 때마다 느끼지만 햇볕이 유난히 잘 드는 곳이에요.
이곳만이 주는 특별함이랄까요?

시부야는 원래 골짜기였어요. 거기서 바람이 휘몰아쳐서 메이지 신궁 방향으로 넘어오거든요. 캣 스트리트 cat street(젊은 세대가 좋아하는 상점과 카페가 모여있는 곳)는 50년 전엔 하천이 흐르던 곳이었고요. 물론 지금은 건물이 많이 들어섰지만 특유의 지형, 바람과 석양을 그대로 느낄 수 있지요. 저는 복잡한 빌딩 숲 안에서도 흙을 만지는 감각을 손님에게 전해주고 싶었어요. 야외 텃밭을 보다가 식재료 쪽 동선으로 움직이면 다가오는 느낌이 전혀 달라져요. 손으로 하나하나 정직하게 만든 재료를 다시 보게 되는 거죠.

이트립 소일이라는 이름에 담긴 의미는 무엇인가요?

요즘 제가 흥미를 갖고 있는 것이 흙이에요. 20년간 요리를 하고 레스토랑을 9년 정도 운영하면서 느낀 건 식자재가 없으면 아무것도 만들지 못한다는 것이죠. 제가 여기까지 올 수 있던 것도 생산자 덕분입니다. 그런데 생산자에게 물어보면 "자연이 만들어줬어요", "역시 씨앗이죠", "흙 때문이에요"라는 대답이 돌아오더군요. 결국 원점으로 돌아오는구나 싶었죠. 저 자신부터 흙을 의식하며 살고 싶은 마음을 담은 이름이에요.

이곳만의 운영 방식이 있다면요?

층 전체를 공간적으로 접근하자면 벽이 없어요. 그로서리 숍과 텃밭, 카페, 바, 레스토랑이 모두 하나로 연결되어 있는 느낌이죠. 이렇게 만든 것은 하나의 평평한 공간을 표현하기 위해서였는데요, 흙(土)이라는 글자를 보면 플러스(+)와 마이너스(-)가 결합되어 제로 베이스(0)가 된다는 뜻이거든요. 하나의 평평한 땅에서 씨앗부터 시작해 가공품 같은 식재료, 먹는 음식으로 진화를 거쳐 다시 흙으로 돌아오는, 그런 자연의 일생을 표현하고 싶었습니다.

매장 한쪽의 도예 전시도 흥미롭습니다. 물론 도쿄의 다양한 숍에서 크고 작은 전시를 열고 있지만, 여기서 선보이는 것은 단지 예쁜 물건이 아니라 좀 더 자연스러운 감각에 집중하는 것 같습니다. 전시를 통해 어떤 메시지를 전달하고 싶나요?

물건이 태동한 장소가 우리 몸과 영혼 어딘가에 닿을 수 있는, 그런 에너지를 지닌 작품을 선보이고 있습니다. 예를 들면 어떤 작가의 경우 가스 공사도 제대로 되어 있지 않은 숲속에 파묻혀서 아름다운 그릇을 만들거든요. 저는 아름다운 그릇의 형태와 숲에서 살아온 작가의 삶을 단절시키는 게 아니라 연결하도록 전시를 기획하고 있어요. 앞치마를 걸칠 때 자연 속에서 나무를 베는 것 같은 상상을 할 수 있다면, 그릇을 사용할 때 숲에서 먹는 기분을 느낄 수 있다면 좋겠죠. 이처럼 물건이 지닌 기운과 본질을 전달할 수 있다면 더할 나위 없습니다.

이트립 소일은 단순한 그로서리 숍이라기보다는 좋은 삶의 가치를 공유하는 곳 같습니다.

저는 "반드시 이게 좋아", "이런 게 잘 사는 거야"를 강조하기보다는 "이것이 낫지 않을까?"라는 제안과 소통을 하는 편이에요. 도심 한복판엔 이런 장소가 거의 없잖아요. 텃밭이 있고 바람이 부는 이 장소에 있으면 누구나 좋은 기분을 느낄 겁니다. 저는 말로만 주장하거나 강하게 내세우기보다는 사람들이 실제로 눈앞에 그리던 걸 보여주면서 이렇게 물어보고 싶어요. "기분이 어때?"

코로나19 이전과 이후, 숍의 역할에 어떤 변화가 있다고 생각하나요?

매장을 오픈한 직후 코로나19가 터졌기 때문에 사실 그럭저럭 운영만 가능하면 좋겠다 싶었죠. 그런데 이곳을 찾는 손님들을 보니 숨 쉴 공간이 필요한 것 같더라고요. 물건을 사러 오지만 햇볕도 받고 허브가 자라는 모습도 구경하죠. 실제로 손님들에게 허브 씨앗을 나눠주기도 했는데요, 그때 그분들 얼굴에 떠오른 행복한 표정을 잊을 수가 없어요. 값을 매길 수 없는 그런 감정의 흐름과 감각을 느낄 수 있는지 여부가 이 시대 숍의 가치이자 역할이 아닐까 싶습니다. 코로나19로 인해 우리는 잠시 활동을 줄여야 하지만, 인간은 어떻게든 움직일 수밖에 없잖아요. 그럴 때 저희 같은 풍경이 있는 곳에서 잠시 시간을 즐길 수 있다면 위로가 되겠죠. 한마디로 마른 잎을 놓아두어도 전혀 이상하지 않을 것 같은 자연스러운 장소 말이에요.

시대가 시대인 만큼 보다 건강한 재료, 가족을 위한 매일의 식단에 더욱 관심을 갖게 돼요.

물론 맛있고 좋은 걸 먹는 것도 중요합니다. 하지만 텃밭에서 자라는 식물에 둘러싸여 시간을 보내거나, 어떻게 우아하고 건강하게 나이 들지를 생각하는 것도 중요한 것 같아요. 건전하게 시든다고 해야 할까요? 우리에겐 살아 있는 식물을 손으로 만지고 냄새 맡아보면서 생의 순환을 본능적으로 깨닫는 게 필요한 것이죠. 이 시든 제라늄을 한번 만져보세요. 냄새가 참 좋죠? 이트립 소일에서는 바쁜 삶에 치여 잊어버린 것, 이를테면 '빛이 이렇게 예쁜 거였지' 하는 것을 느낄 수 있습니다. 그러니 혹여 혼자 오더라도 외롭지 않아요.

이트립 소일의 콘셉트를 잘 표현하는 상징적 공간이 있을까요?

텃밭요. 식물이 마르고 시들어도 가능한 한 뽑지 않으려고 합니다. 보여주기 위한 정원이면 깨끗하게 정리하겠지만, 씨앗부터 커가는 성장 과정이 하나의 일생이라고 생각해요. 식물은 속성상 점점 태양을 향해 몸을 뻗어가며 자라나거든요. 아이의 성장 과정도 마찬가지인 것 같아요. 부모가 계속 억압만 한다면 제대로 성장할 리 없겠죠. 혹시 셀러리나 파슬리에도 꽃이 있다는 걸 알고 있나요? 본 적이 있나요?

오너의 라이프스타일과 철학이 숍에도 영향을 미친다고 생각하는데요,
요즘 어떤 생각을 가장 많이 하나요?

스스로 만족하지 않는 부분은 조금씩 덜어내면 좋겠다는 생각을 하곤 해요. 모두한테 공평하게 주어진 24시간을 살아 있는 한 충분히 즐기고 싶거든요. 그 시간들을 싫어하는 것과 사투하며 보내고 싶지는 않아요. 오히려 제가 행복한 순간을 떠올리죠. 가끔 힘이 들 때 그런 순간을 머릿속에 그리는 것만으로도 웃음이 나잖아요. 그렇게 좋아하는 것들을 생각하면서 순간순간 미소 짓는 사람이고 싶습니다.

Impression

"이곳은 오모테산도 한복판에서 태양이 뜨고 지는 시간의 흐름을 느낄 수 있는 희귀한 공간입니다. 저녁 무렵의 석양은 특히 아름답고 메이지 신궁의 숲과 건물의 대비가 주는 감동이 있지요."

한국의 아름다움이 깃든 여백

ADDRESS 서울특별시 용산구 독서당로 36
WEBSITE mo-no-ha.com
INSTAGRAM @monoha_official
FOUNDED 2020년
PRODUCTS 공예가의 항아리와 그릇, 차 도구, 의류

Mo-No-Ha Hannam

모노하 한남

한남역에서 한남오거리 방향으로 걷다 보면 유독 창이 큰 희고 높은 3층 건물이 보인다. 전시 공간인지 브랜드 쇼룸인지 혹은 카페인지 정보를 알기가 쉽지 않을 정도로 별다른 설명 문구도 없다. 창에 'MO-NO-HA'라고 쓴 글자만이 이곳을 설명하는 유일한 단서이다. 모노하는 1960년대 일본에서 시작한 미술 경향이다. 인공의 반대편에 서서 돌과 철판·유리·흙 같은 자연 소재의 물성 자체에 주목하자는 미술 운동인데, 이때 물성과 주변 사이의 관계를 주목한다. 모노하 한남은 모노하라는 예술 경향을 토대로 한국 전통의 아름다움을 탐구하는 상업 공간이다. 1층부터 3층까지 자연의 원료로 빚은 제품을 제외한 어떤 것도 공간에 두지 않았다. 창으로 들어오는 빛, 테이블과 의자, 정원만이 인테리어 역할을 한다. 판매하는 모든 제품은 사람의 온기를 담은 공예품이다. 1층은 한국 공예의 정수를 볼 수 있는 작품을 주기적으로 전시·판매하며, 2층과 3층은 좀 더 대중적인 그러나 공예의 관점으로 제작한 국내외 리빙 브랜드 제품과 주방용품 그리고 의복을 판매한다. 현시대의 숍이 공간의 캐릭터나 개성을 통해 제품을 새롭게 선보인다면, 모노하 한남은 공간의 특징이 드러나지 않도록 비워낸다. 제품 자체를 더욱 빛나게 하는 여백으로서 존재하는 것이다.

EUNJU JOO
주은주

모노하 대표·크리에이티브 디렉터

“여백은 물체와 공간이 관계하는 순간에 생겨납니다”

미술 경향인 모노하를 숍의 이름으로 내건 배경이 궁금합니다.

모노(物)는 일본어로 '물체'라는 뜻이고, 하(派)는 '모임'을 의미하죠. 모노하를 실천한 예술가들은 자연에서 얻은 물체에 집중했는데요, 이때 물체의 속성뿐 아니라 물체가 놓인 장소와의 관계 맺음을 강조했다고 해요. 빈 곳에 돌멩이가 놓여 있다면, 돌멩이의 본질을 부각하는 데 도움을 준 공간까지도 함께 탐구하는 것이죠. 흥미로운 건 일본에서 시작한 예술 운동임에도 한국의 이우환 화백이 이론적 토대를 완성했다는 겁니다. 저희가 숍을 준비할 때 가장 중요하게 생각한 건 '한국의 아름다운 물건을 제대로 소개하는 일'이었습니다. 그러기 위해선 공간을 물건으로 가득 채우거나 비우기보다 공간과 물건 사이의 관계 맺음이 중요하다고 생각했지요.

지금 서울에서 주목하는 숍 대부분은 서구적 관점에서 본 아름다운 제품을 소개합니다. 그런 시기에 모노하는 한국의 아름다운 물건을 앞세우고 있어요.

저 또한 서구적 관점으로 세상을 보곤 했습니다. 국내에서 접하기 힘든 브랜드 제품과 작가의 작품을 경험하기 위해 비행기 티켓을 예매할 정도로 전 세계를 쉼 없이 오갔죠. 30대 후반부터는 해외에서 얻은 경험을 토대로 카페 겸 레스토랑 '페이퍼가든'과 '알로 페이퍼가든'을 운영한 바 있고요. 그런데 저도 모르는 사이에 지쳐갔어요. 어느 숍이든 비슷한 제품을 쏟아내고 있다는 인상을 받았죠. 그때 눈에 들어온 것이 한국의 공예입니다. 만들어낸 사람의 삶이 투영된 그릇을 통해 따뜻한 위로를 받았거든요. 한데 서울에서는 잘 만든 공예품보다 바우하우스 시대에 디자인한 조명을 찾는 게 더 빠르더군요. 그렇다면 새롭게 문을 여는 숍은 다른 방향성을 제시해야 하지 않을까요? 서구적 관점의 아름다움이 아닌, 한국의 아름다움을 소개하는 숍을 만든다면 분명 가능성 있는 도전이라고 생각했습니다.

공예는 전통적 이미지가 강합니다. 새로운 숍에서 전개하기엔 리스크가 있지 않았나요?

흰 도화지에 점을 찍으면 작품이 될 수 있습니다. 도화지의 공백은 여백이 되고 점은 무한한 가능성을 갖는 새로운 존재가 되죠. 이를 토대로 예측해보면 전통적인 이미지의 공예도 어떤 장소와 관계를 맺느냐에 따라 새로운 이미지를 부여할 수 있을 겁니다. 저희는 이 개념을 숍에 담고자 4년간 심혈을 기울여왔습니다. 그렇게 준비한 숍이 2020년 6월에 오픈한 모노하 한남입니다.

모노하 한남은 메인 도로에서 벗어난 길목에 터를 잡았어요.

저는 낯선 길에서 발견하는 특별한 숍이 주는 희열을 좋아하는 사람입니다. 그 감정을 고객에게 전하고 싶어서 의도적으로 골목 안쪽, 메인 도로에서 살짝 떨어진 길목의 매물만 보러 다녔어요. 원래 이 3층 규모의 건물은 니트를 생산하던 공장이었다고 해요. 제가 평소 자주 오가던 길가에 있어 자연스레 발견했지요. 처음부터 한남동 주변을 의도한 건 아니었거든요. 정말 다양한 동네의 건물을 살펴봤습니다. 원했던 건물도 많았고요. 그런데 자리라는 게 제가 원하기보다 인연처럼 불쑥 다가오는 것 같습니다.

탁 트인 모던한 건물이어서 공장으로 사용했는지는 몰랐네요.

2년간 공간을 뜯어고쳤지만, 레노베이션한 티가 나지 않는 공간을 구현하는 게 저희의 목표였으니 성공한 셈이네요.(웃음) 시공하는 분들께 백자와 유리잔, 하얀 운동화, 금속 오브제를 보여주면서 여기에 쓰인 색과 소재를 제외하곤 모두 비우자고 말했을 정도니까요. 지금은 각 층이 탁 트인 공간처럼 보이지만, 저희가 이 건물을 처음 봤을 땐 도시 괴담에 나올 법한, 굉장히 허름하고 빼곡하게 채워진 공간이었어요. 2층에 방이 무려 13개나 있었죠. 폐기물을 처리하는 데만 1억 넘게 썼을 정도입니다. 한데 비우고 나니 건물의 깊이감이 명징하게 보이더라고요. 덕분에 막힘없이 쭉쭉 뻗은 여백의 공간을 만들 수 있었습니다.

모노하 한남을 오픈하고 한 달 뒤인 7월에 모노하 성수를 오픈했습니다.

모노하 한남을 찾기 이전부터 성수동을 돌아다니며 매물을 봤습니다. 그런데도 연결이 안 됐어요. 공간으로 화제를 일으킨 성수동의 카페 중에 저희가 먼저 눈독 들인 건물을 사용하는 곳도 있더라고요. 분명 저희가 찾아갔을 땐 건물주가 임대할 생각이 없다고 그랬는데…. 뭐 저희가 성수동을 너무 빨리 알아본 탓이겠죠.(웃음) 그렇게 좋은 매물을 몇 군데 놓치다 보니 이상한 오기가 생기더군요. 한남 오픈을 준비하는 동안에도 계속 성수동을 오가며 좋은 건물이 나오기만을 기다렸으니, '모노하 성수'도 한남처럼 오랜 시간 공을 들인 셈이에요.

동네와 오픈 날짜가 다른 만큼 두 곳의 운영 전략도 차이가 있을 것 같습니다.

지금 얘기를 나누는 모노하 한남이 한국 공예의 정수를 경험하는 공간이라면, 모노하 성수는 공예도 현대적이고 세련될 수 있음을 알리는 데 목적을 두고 있어요. 공예의 가치를 알아보는 눈을 길러주는 징검다리 역할을 한다고 보면 좋을 것 같습니다. 공간을 선택한 방식도 차이가 있는데요, 한남은 죽은 상권에 활기를 불어넣는 것이 목표였습니다. 폐업한 공장이 품고 있던 으슥한 분위기를 아름다운 정원과 따사로운 빛을 품은 온화한 공간으로 변화시킨 것처럼요. 반면에 성수는 모던한 신축 건물에 터를 잡았습니다. 지역의 특수성과 트렌드를 따르지 않고도 좋은 숍을 만들 수 있다는 걸 젊은 세대에게 보여주고 싶었거든요. 성수동에 숍을 오픈하는 목적이 낡고 허름한 옛 공장을 리모델링하기 위함은 아닐 텐데, 대부분 자신의 콘셉트와는 상관없이 같은 선택을 하잖아요. 공장을 리모델링하는 게 성수동에서 숍을 운영하는 올바른 방식이라고 믿는 것처럼 보여요.

운영자의 철학이 뚜렷해도 콘텐츠가 부족하면 허상일 뿐입니다. 공예품도 종류가 많을 텐데요, 모노하가 취급하는 종류는 무엇인가요?

현재는 비움과 절제를 통해 최소한의 형태로 아름다움을 내는 물건에 집중하고 있습니다. 일상의 도구이지만 아무나 쉽게 만들 수 없는 예술품으로 존재하는 것들이죠.

모노하의 숍이 전시 공간으로도 기능하는 이유겠군요.

공예가가 빚은 그릇은 수십만 원부터 수천만 원을 호가합니다. 공예품에 대한 이해와 공예가의 삶을 알고 있는 분들은 이 가격을 쉽게 납득하겠지만, 그렇지 않은 세대와 사람들에게는 그 가치를 알릴 필요가 있다고 생각했어요. 한국 공예의 아름다움을 소개하는 공간을 운영하는 입장에서, 공예가를 존중해야 한다는 책임 의식도 갖고 있고요. 공예가가 자연의 물성을 의도한 형태로 만들기 위해 얼마나 숭고한 노력을 기울이는지 경험한다면 사발 같은 작은 그릇도 소중하게 대할 수밖에 없어요. 그래서 좀 더 정성 들여 그들의 작품을 소개하는 전시 공간을 마련한 것입니다.

건물 2층에서 모노하가 직접 전개하는 의복을 봤습니다. 어떤 맥락으로 이해하면 될까요?

공예품이 삶에 이로운 것처럼 의복 또한 삶에 필요한 공예품일 수 있는 것이죠. 그런 관점에서 멋을 위하기보다는 생활의 일부로서 착용할 수 있는 옷을 전개하고 있습니다. 모노하는 공예라는 키워드로 제품을 전개하지만 에센스 스틱과 스웨터, 유리잔과 서적을 경계 없이 진열한 숍이기도 합니다. 그래서인지 숍 오픈 이후에 "모노하는 어떤 물건을 판매하는 숍인가?"라는 질문을 가장 많이 듣고 있어요. 그런데 꼭 어떤 물건을 판매하는 숍으로 정의할 필요가 있을까요? 저는 모노하가 그저 모노하이기에 가능한 숍이길 희망합니다. 요즘은 통영과 제주도를 하루에 오가기도 하는데요, 더 많은 장르의 공예가를 직접 대면하고 그들의 작품 세계를 이해하기 위해서죠. 그래야만 제대로 된 한국의 멋을 소개할 수 있으니까요. 어떤 틀 안에 저희를 가둔다면, 한국의 물건을 소개하고자 하는 모노하의 역할을 스스로 거부한다는 의미일 겁니다. 모노하 숍이 매번 새로움을 전달하는 전시 공간이자, 물체를 돋보이게 하는 여백으로 기능하는 이유입니다.

Impression

“이 통로는 복잡한 도심을 벗어나 잠시 쉼을 찾기 위해서 건물 뒤편에 조성한 숨겨진 정원 길이죠.
한데 이 길을 손님들이 스스로 발견해서 이용하고 있어요. 그리고 저희가 생각했던 쉼을 이 공간에서 느끼더군요.
저는 스스로 공간을 사용하고, 원래의 목적을 스스로 깨우치는 과정이야 말로 공간과 관계 맺는
첫걸음이라고 생각합니다.”

GATHER
개더

흔적을 적게 남기는 삶을 제시하는 친환경 숍

런던 남부의 페컴 Peckham은 젠트리피케이션을 피해 몰려든 젊은 아티스트들 덕에 주목받는 크리에이티브 허브로 급부상한 곳이다. 상업자본에 의해 완전히 잠식되지 않아 소규모 독립 비즈니스가 작은 생태계를 이루고 있는 거리 한쪽에 자리한 숍 개더는 쓰레기를 만들지 않는 '제로 웨이스트 zero waste' 라이프스타일을 제안한다. 해양 생태계 교란을 비롯한 플라스틱 폐기물의 폐해를 고민하던 타쉬 고스트 Tash Gorst는 한 번 쓰고 버리는 플라스틱 상당수가 식품을 포함한 일상생활에서 발생한다는 점에 주목했다. 이곳에선 플라스틱으로 포장한 물건을 찾아볼 수 없다. 손님이 직접 용기와 주머니를 가져와 벌크로 진열된 제품을 원하는 만큼 담아 순수하게 제품의 무게만을 환산해 가격을 매긴다. 견과류, 파스타, 곡물, 콩류 등 건조식품뿐 아니라 올리브 오일, 식초, 간장, 청소용품, 세제 등 액체류도 원하는 만큼 리필이 가능하다. 합리적 가격과 의미 있는 소비를 중시하는 사람들에게 매력적인 숍으로 자리매김한 이유다. 지속 가능함에 대한 노력은 포장 방식에서 그치지 않는다. 모든 제품은 유기농이며 쌀처럼 영국에서 생산하지 않거나 대체 불가능한 제품을 제외하곤 전부 로컬, 영국산 제품을 판매한다. 이를 통해 유통 과정에서 발생하는 탄소를 저감하는 것이다. 개더가 제로 웨이스트 라이프를 강요하는 것은 아니다. 최종 소비 과정에서 플라스틱이 보이지 않는다고 생산단계 전부가 플라스틱에서 자유로운 건 아니라는 점을 알기 때문이다. 그들은 일상의 소비생활에서 작은 변화를 촉발하기 위해 미시적 노력과 시도에 묵묵히 집중한다.

LONDON

ADDRESS 121 Bellenden Rd., London
WEBSITE wearegather.uk
INSTAGRAM @wearegather_uk
FOUNDED 2019년
PRODUCTS 식품, 청소용품, 세제 등

OBJECTS OF USE
오브젝츠 오브 유즈

과정과 숙련의 아름다움을 간직한 도구점

오브젝츠 오브 유즈엔 가전제품이 우리 삶을 뒤덮기 이전의 아날로그가 선명하게 보존되어 있다. '사용을 위한 오브제'라는 이름은 수동 도구로 가득한 모던한 철물점을 그대로 담아낸다. 빈티지 진열장과 선반, 테이블에 빽빽이 놓인 물건은 묘한 향수를 불러일으킨다. 청소, 개인위생, 정원 손질, 요리, 사무, 공부, 심지어 놀이까지 생활 전반에서 사용하는 온갖 종류의 도구는 평범하지만 하나같이 아름답고 실용적이다. 값싸게 만들어 쉽게 쓰고 버리는 사고방식인 '스로웨이즘 throwayism'의 대두가 역설적으로 공들여 손으로 만드는 '크래프트 craft'에 대한 향수를 부르며 오브젝츠 오브 유즈의 존재 가치는 더욱 빛을 발한다. 의식적 소비를 제안하는 창립자 알렉시스 덱스터 Alexis Dexter와 헤이즐 래티건 Hazel Rattigan은 고객이 직접 손을 쓰고 몸을 움직여 무언가를 해내는 삶의 소소한 기쁨과 수공예로 만든 것의 가치를 깨닫길 바란다. 소규모 독립 브랜드, 자연에서 얻은 재료, 환경에 최대한 영향을 덜 미치는 공정, 시간에 구애받지 않는 간결한 디자인, 견고한 내구성은 이곳의 큐레이션을 관통하는 가치다. 긴 시간, 특정 지역에서 같은 사람들이 같은 방식으로 만들어온 도구에 축적된 고유의 전통과 원형(archetype)은 오너들을 흠뻑 빠져들게 한 매력이다. 영국과 유럽뿐 아니라 한국, 일본, 핀란드까지 다양한 문화권의 도구를 다루는 이유이기도 하다. 새로운 도구를 발견함으로써 일상의 작은 변화를 경험하는 것이 이곳을 특별하게 만든다.

LONDON

ADDRESS No 6 Lincoln House, Market St., Oxford, Oxfordshire
WEBSITE objectsofuse.com
INSTAGRAM @objectsofuse
FOUNDED 2011년
PRODUCTS 청소 도구, 정원 도구, 생활용품, 주방용품, 사무용품

GATHER

MARKTHALLE NEUN
마르크탈레 노인

실내 시장의 새로운 대안

식재료에 관한 높은 선진 의식은 유럽 내에서도 아마 베를리너를 따라갈 수 없을 듯하다. 어디에서 생산하는지, 유기농인지, 공정 거래를 거쳤는지 등 모든 과정이 투명해야 비로소 베를리너의 신뢰를 얻을 수 있다. '아홉 번째 실내 시장'을 뜻하는 마르크탈레 노인은 그런 면에서 베를리너의 마음을 사로잡았다. '다른 음식, 다른 쇼핑'을 지향하고, 환경과 지역에 도움 되는 시장으로 탈바꿈하면서부터다. 실내 체육관 같은 철골 구조물로 이뤄진 큰 홀 안에 자리한 마르크탈레 노인은 베를린시가 19세기 말 지역 경제 활성화를 위해 계획한 14개 실내 시장 중 하나다. 코로나19로 생존의 직격탄을 맞아 실내 시장의 본 목적을 살려야 했던 2020년, 마르크탈레 노인은 실내 시장의 새로운 도전 과제를 스스로 제시했다. '플랫폼 2020'이라 부르는 이 과제는 로컬에 더욱 집중하자는 취지로 자신들이 사는 지역에 애정을 가진 적극적인 베를리너를 대상으로 하는 구독형 배송 서비스다. 채소·과일·달걀·유제품 등 식재료는 베를린을 둘러싼 브란데부르크 Brandenburg주로 철저히 한정해 수급한다. 시장이 자리한 베를린 크로이츠베르크 Kreutzberg 지역을 중심으로 이뤄지며, 배송 거리가 짧아 재료가 아주 신선하므로 슈퍼마켓 배달 서비스와는 달리 의식 있는 베를리너에게 인기가 높다. 이처럼 마르크탈레 노인은 지역의 순환 경제뿐만 아니라 농장 활성화·다양화를 목표로 한 실내 시장이 한 단계 진화할 수 있는 기회를 마련했다.

BERLIN

ADDRESS Eisenbahnstraße, 42/43, Berlin
WEBSITE markthalleneun.de
INSTAGRAM @markthalleneun
FOUNDED 2011년
PRODUCTS 식료품

LEAFMANIA
리프마니아

여유와 함께 마음을 치유하는 중국차

도쿄 아사쿠사 거리에서 북쪽으로 한참 떨어진 주택가에 중국차 전문점 리프마니아가 있다. 중국인 멍판린 Meng Fanlin이 운영하는 이곳은 차 작가(그는 '차 농가'를 차 작가라고 소개했다)와 도예가의 협업으로 특별한 티타임을 즐길 수 있는 공간이다. 실제로 인스타그램을 통해 원하는 시간에 티타임을 예약하면 차를 여유롭게 마실 수 있고, 현장에서 원하는 다기를 구입할 수도 있다. 매장 한쪽에 마련한 도예 작가 전시는 주기적으로 주제와 내용이 바뀌기에 느긋하게 감상하며 쇼핑할 수 있다는 점이 매력적이다. 고가구와 이케바나(일본식 꽃꽂이), 리넨 커튼 등으로 정갈하게 꾸민 매장은 오픈한 지 2년이 채 안 됐지만 마음을 편안하게 해주는 특유의 분위기와 높은 품질의 차로 누구보다 차를 사랑하는 일본인의 취향을 단번에 사로잡았다. "몇 년 전에 중국 광둥성 차오저우시 교외에 있는 봉황산에서 야생 나무 한 그루를 발견했습니다. 이곳에서 취급하는 찻잎은 모두 이 한 그루의 나무에서 얻는 것입니다." 우롱차 단일 품종만 취급하지만, 종류는 무려 14가지나 된다. 향기와 맛을 써놓은 매트릭스 표를 보며 그날의 기분과 취향에 따라 원하는 메뉴를 선택할 수 있다. 단, 차를 제대로 만끽하기 위해서는 시간적으로 충분한 여유가 필요하다. 탕을 거듭할수록 조금씩 변해가는 맛과 향을 즐기는 것이야말로 리프마니아가 추구하는 티타임의 진짜 묘미이기 때문에 최소 일곱 잔을 마셔보길 권한다. "중국차는 어렵지 않아요. 그저 좋은 다기에 차를 담은 후 천천히 맛봄으로써 인생을 즐겼으면 합니다. 편안한 마음으로 기분 좋게 음미하면 그만입니다." 그가 전통을 토대로 자기표현에 집중하는 작가이면서 '사물의 조용함'이 느껴지는 작품을 세심하게 선정하는 이유도 바로 여기에 있다.

TOKYO

ADDRESS 4 chome-19-8, Matsugaya, Taito-ku, Tokyo
WEBSITE leaf-mania.com
INSTAGRAM @leafmania
FOUNDED 2019년
PRODUCTS 중국차

KUMPEL
&KEULE
SHOTS
SMOOTHIES

AND MORE

LEAFMANIA

60SECONDS LOUNGE
식스티세컨즈 라운지

쉼을 위한 생각의 공간

좋은 쉼을 고민하는 매트리스 브랜드 식스티세컨즈가 2019년 두 번째 쇼룸을 열었다. 첫 번째 쇼룸인 식스티세컨즈 홈이 집을 콘셉트로 침실에 놓인 매트리스의 아름다움과 기능에 집중했다면, 두 번째 쇼룸인 식스티세컨즈 라운지는 소비자에게 진정한 쉼에 대한 질문을 던지는 데 집중한다. 매트리스를 판매하는 매장임에도 1층 메인 공간엔 매트리스가 없다. 편히 쉬며 차를 마실 수 있는 공간과 '노트 앤 레스트 note & rest(음표와 쉼표)'라는 이름의 자그마한 라이프스타일 편집숍이 들어섰다. 좋은 악보에 음표와 쉼표가 적절하게 섞여 있는 것처럼 양질의 잠을 위해선 매트리스뿐 아니라 사람의 마음에 쉼을 주는 무언가가 필요하다는 브랜드 철학을 반영한 결과다. 노트 앤 레스트에 놓인 물건은 특정 카테고리에 치중되어 있지 않은데, 제품군을 강요하기보다는 다양한 물건을 통해 스스로 자신의 쉼에 무엇이 필요한지 생각해보라는 의도가 담겼다. 라운지 2층은 좋은 매트리스의 필요성을 확인하는 공간이다. 방문객은 취향을 달리한 5개의 침실을 오가며 누워보거나 휴식을 취할 수 있다. 2층 공간만큼은 다른 일행과의 동선이 겹치지 않도록 최대한 시차를 두어 운영하기에 예약제가 아님에도 단독으로 서비스를 이용하는 것 같은 분위기를 자아낸다. 이렇듯 식스티세컨즈 라운지는 기술과 가격 등의 요소가 아닌, 쉼의 경험을 통해 좋은 매트리스를 선택하도록 만든다. 브랜드의 쇼룸에 방문했음에도 부드러운 소재의 카펫, 낮은 데시벨의 음악, 창밖에 보이는 나무가 눈에 들어오는 이유다.

SEOUL

ADDRESS 서울특별시 용산구 장문로 29
WEBSITE 60s.co.kr
INSTAGRAM @60seconds_mattress
FOUNDED 2019년
PRODUCTS 매트리스, 라이프스타일 제품

READY TO WELLNESS
레디 투 웰니스

다채로운 웰니스를 추구하는 라이프스타일 숍

서울역 뒤편에 자리한 복합 문화 공간 '피크닉 Piknic'의 입구 왼편으로 몇 발짝 가다 보면 이국적 정취가 물씬 풍기는 테라코타색 건물이 시선을 가로챈다. 인상적인 외관에 더해 심신을 안정시키는 향이 은은하게 풍기는 레디 투 웰니스는 백은영 대표의 웰니스에 대한 심도 깊은 고민이 녹아있는 곳이다. 2016년 '룰루레몬 Lululemon'을 한국에 직접 론칭하면서 요가에 대한 호기심으로 요가 지도자 과정까지 이수한 그는 웰니스 문화에 대한 갈증을 느껴 삶 전체를 포괄할 수 있는 웰니스 브랜드를 설립했다. 레디 투 웰니스는 숍의 A부터 Z까지 백은영 대표의 취향만으로 이뤄진 공간이다. 매장 곳곳에 자리한 다양한 카테고리의 생활용품은 웰니스가 단순히 건강에만 초점을 맞추는 게 아니라, 라이프스타일 전체에 걸쳐 있는 개념이라는 것을 반증한다. 비건 뷰티부터 세제·티백·셀프 케어용품 등 직접 큐레이션한 다양한 라이프스타일 제품을 구비하고 있는데, 제품력은 물론이고 브랜드가 추구하는 가치까지 꼼꼼히 따져 고른 것이 상당수다. 좋은 삶을 위해 쇼핑만 필요한 것이 아니듯 레디 투 웰니스 역시 단순히 쇼핑 기능에 국한된 숍은 아니다. 매주 토요일 '웰니스 새터데이 Wellness Saturday'에 진행되는 와인 클래스, 세라믹 클래스 등 다양한 커뮤니티 이벤트를 통해 확장된 웰니스 문화를 제안한다. '웰니스' 하면 당연히 운동 수업을 진행할 거라는 예상을 깨고 꽃꽂이부터 직접 만든 다기로 다도 클래스를 진행하는 등 다양한 경험을 제공하는 동시에 공통분모를 가진 이들끼리 소통할 수 있는 공간으로서 역할도 하고 있다.

SEOUL

ADDRESS 서울특별시 중구 퇴계로2길 9-8 4층
INSTAGRAM @readytowellness
FOUNDED 2020년
PRODUCTS 라이프스타일 제품

60SECONDS LOUNGE

AND MORE

READY TO WELLNESS

MOON JUICE
문 주스

균형 잡힌 삶의 실천

LA의 건강 주스 신드롬을 일으킨 숍 문 주스의 창립자 아만다 샹탈 베이컨 Amanda Chantal Bacon은 할리우드 셀러브리티들의 라이프스타일 구루로 알려져 있다. 그가 여러 매체에 기고한 특별한 일상 탓이다. 그는 버섯 단백질과 돌로 간 아몬드 가루, 동충하초, 하수오, 벌화분, 생카카오 등을 식사 대용으로 먹거나 각종 보충제와 허브 분말을 넣은 주스를 마시는 간헐적 단식을 할 뿐 아니라 요가와 명상으로 이러한 식습관을 마무리하는 생활을 추구했는데, 이것이 단번에 건강 트렌드로 주목받은 것이다. 그는 평생 치료할 수 없다고 진단받은 자가면역질환을 안고 살았는데, 스스로 터득한 민간요법과 영양학을 접목한 식사법으로 혈액과 호르몬 수치를 상당히 개선했다고 한다. 이 경험을 토대로 베니스비치에 2011년 오픈한 주스 숍이 문 주스다. 문 주스는 그 자신이 효과를 본 방식으로 영양학자, 약초학자, 화학자들과 협업해 효능과 안전성을 입증한 건강 주스를 선보이는 숍이다. 아만다가 건강한 식사법으로 균형 잡힌 삶을 살게 된 것처럼 문 주스 또한 단순히 주스를 판매하는 숍이 아닌, 웰니스 공간으로서 기능한다. 눈과 마음의 피로를 낮추는 파스텔 톤과 식물을 활용한 공간 안에서는 주스부터 건강 보조제, 스킨케어까지 '삶의 이로운 것'을 체험할 수 있다. 만약 매장에 머무를 시간이 없다면 드라이브 스루 서비스를 활용해도 좋다. 문 주스는 현재 베니스비치와 멜로즈 플레이스, 실버레이크까지 LA에서 3개 지점을 운영 중인데, 모두 패션과 트렌드에 민감하고 외형적 아름다움을 가꾸는 이들이 많은 지역이다. 덕분에 젊은 세대를 향해 좀 더 자신을 보살피라는 브랜드 메시지를 효과적으로 전달하고 있다.

LA

ADDRESS 507 Rose Ave., Venice, CA
WEBSITE moonjuice.com
INSTAGRAM @moonjuice
FOUNDED 2011년
PRODUCTS 클렌즈 주스, 슈퍼푸드, 건강 보조 식품

OLDER BROTHER
올더 브라더

흙으로부터 온 의복

먹거리나 환경에 중금속이나 독성 같은 해로운 것이 없어야 하는 것처럼 몸에 걸치는 옷에도 좋은 소재가 필요하다. 대규모 제조 공정의 어두운 면을 잘 모르는 소비자는 옷을 구매할 때 이 당연한 명제를 믿지 못할 때도 있다. 미국 포틀랜드 기반의 패션 브랜드 올더 브라더는 원료로부터 이 문제를 접근하는 브랜드다. 그들의 옷 원단은 오가닉 면, 울과 라이스페이퍼, 천연 리넨 등이고, 이 원단들을 염색하는 염료는 인디고, 꼭두서니 뿌리, 가자나무, 참나무 혹, 사프란 등이다. 옷에 붙은 단추는 견과류 껍데기, 라벨은 나무껍질로 만든다. 올더 브라더의 디자이너 보비 보나파트 Bobby Bonaparte와 맥스 킨저리 Max Kingery는 마치 슬로푸드 운동가처럼 시베리아 차가버섯의 밑동 부분이나 고급 식재료인 사프란의 버려지는 구근 부분을 활용하는 그들만의 연구·개발 과정을 거쳤고, 이 탐구 기간조차 의류 생산의 공정으로 여겼다. 그리고 이 과정을 좀 더 명백하게 보여줄 수 있도록 온라인이 아닌 오프라인에서 원료를 대하는 방식과 태도를 적극적으로 전시하는 꿈을 꾸었다. 뉴욕과 샌프란시스코에서의 팝업을 거쳐 따스한 햇빛과 자연 친화적 태도, 비슷한 지향점의 커뮤니티를 갖고 있는 LA에 2018년 11월 첫 매장을 오픈할 때 방향성은 더욱 구체화됐다. 버섯 테라리엄 및 균류 테이블, 식물이 자라면서 일어나는 움직임을 음표로 변환해 곡을 연주하는 설치물이 매장 안에서 옷보다 먼저 눈에 들어오는 이유다. '어울려 다니고 싶은 멋진 동네 형'이라는 의미로 브랜드 이름을 붙인 만큼 그들은 옷의 디자인을 넘어 사람들이 옷과 상호작용하는 방식을 바꾸는 데 모범을 보이는 것에도 동등한 가치를 둔다.

LA

ADDRESS 566 Rose Ave., Venice, CA
WEBSITE olderbrother.us
INSTAGRAM @olderbrotherus
FOUNDED 2018년
PRODUCTS 천연 원단으로 제작한 의류

MOON JUICE

OLDER BROTHER

PERSONAL

TASTE

사적 취향에 따라 고른 물건으로 가득한 숍은 오너의 철학을 담는 아카이브나 다름없다. 이들 숍은 소비자에게 오너의 머릿속을 유영하는 경험을 안겨주는데, 이는 오너가 구축한 독자적 세계가 공간에 켜켜이 담겨 있기 때문이다. 감정이나 분위기로 책을 분류하고 특정 색으로 옷을 분류하는 방식처럼, 숍에서 판매하는 제품의 분류 기준이 지극히 개인적이므로 이 숍을 방문하는 소비자 또한 오너의 기호에 응답한 사람이 대부분이다. 덕분에 고객과의 친밀도가 매우 높다. 오리지낼리티가 자리한 사적 공간인 동시에 커뮤니티의 장으로 기능하는 셈이다.

발견과 아이디어가 일군 서점

리버리아 Libreria

에디터 알렉스 서 | 포토그래퍼 밍 탕-에반스

—

노매드를 실천하는 편집숍

다크랜즈 Darklands

에디터 이상혁 | 포토그래퍼 최다함

—

And more

페르세포네 북스 Persephone Books

홉 번즈 앤 블랙 Hop Burns & Black

프레젠트 앤 커렉트 Present And Correct

페이퍼 앤 티 Paper & Tea

하드 왁스 Hardwax

가르드 Garde

브룸 스트리트 제너럴 스토어 Broome St. General Store

쿠사무라 도쿄 Qusamura Tokyo

알코브 Alkov

사운즈굿 Sounds Good!

블록 숍 Block Shop

에디터 알렉스 서, 이상혁, 이경은, 이민경, 신희원, 서재우

발견과 아이디어가 일군 서점

ADDRESS 65 Hanbury St., London
WEBSITE libreria.io
INSTAGRAM @librerialondon
FOUNDED 2015년
PRODUCTS 도서

Libreria

리버리아

Lou Reed
upscale
KAUFMANN
NORDIC TALES
THE TIGER'S WIFE

Libreria
Second Home's mission is to foster creativity and innovation, which is why we created this bookshop.
Every element of this space is designed to help people discover new books and ideas - we hope you enjoy your visit.
On Mondays, we close the shop for Language Labs – weekly skills workshops for Tower Hamlet migrants.
If you'd like to volunteer and join a session (or two), just email hello@libreria.io
London Living Wage Employer
You Exist Too Much

리버리아는 샘 앨더턴 Sam Alderton과 로한 실바 Rohan Silva가 설립한 공유 오피스 세컨드 홈 Second Home이 운영하는 서점이다. 세컨드 홈은 이름이 말해주듯 기술과 효율 중심의 삭막한 사무실 대신 사용자 중심의 공간을 지향한다. 멤버들에게 일상에 깊게 파고든 테크놀로지와 업무에서 벗어나 머리를 식힐 수 있는 공간을 제공하고 싶었던 책벌레 실바의 아이디어는 세컨드 홈 스피털필드 Spitalfield 지점 맞은편에 자리한 리버리아로 이어졌다. 공간의 모습을 그대로 반사하는 천장과 거울을 이용한 인테리어는 손님들에게 책으로 둘러싸인 동굴에 온 듯한 인상을 준다. 종이에 쓰인 것들의 가치를 기리는 성소(sanctuary)를 표방해 디지털 기기의 사용을 정중히 금하는 것 또한 지금 이 순간만큼이라도 복잡한 세상의 신호를 끊고, 눈앞의 책들에 빠져도 좋다는 것을 알려주기 위함이다. 무엇보다 이곳의 하이라이트는 일반적이지 않은 서적 큐레이션 방식에 있다. 소설과 과학·인문학 등의 장르가 아닌, 시간과 공간·유토피아·정체성 등의 키워드로 구분해 책이 품는 정서를 환기한다.

Dark Times

No phones
please

Please use this
hand sanitizer

LIBRERIA

MARTIN AMIS
INSIDE STORY
TROY
GOLDEN
RULE
GREY
BEES
ANDREY KURKOV
HAMNET
THE VANISHING HALF
BRIT BENNETT
ENTANGLED
LIFE
WANDERERS
GLASS HOTEL

LLOYD SOWERBUTTS
로이드 사워버츠

리버리아 제너럴 매니저

“발견과 뜻밖의 재미를 위한 큐레이션은
리버리아의 교리(tenet)입니다”

마치 책으로 둘러싸인, 세상과 단절된 느낌입니다.

이곳의 인테리어는 아르헨티나 작가 호르헤 루이스 보르헤스 Jorge Luis Borges의 단편소설 <바벨의 도서관(La Biblioteca de Babel)>에서 영감을 받았습니다. 소설은 바닥부터 천장까지 책으로 빼곡히 뒤덮인 육각형 도서관을 묘사하는데, 이제껏 쓴 책뿐 아니라 앞으로 쓸 책도 모두 소장하고 있다는 독특한 설정입니다. 상상할 수 있는 모든 책을 품고 있는 곳이죠. 이야기 속 도서관의 공간은 끝없이 이어집니다. 작가는 그런 설정을 통해 책이 가진 영원함을 강조했습니다. 인테리어 디자인을 맡은 스페인의 건축 스튜디오 셀가스카노 SelgasCano는 사람과 공간이 유기적으로 어우러지길 원하는 저희의 의도를 잘 이해하는 곳입니다. 보르헤스의 아이디어를 그들 나름의 방식으로 해석해 다른 세계를 연상케 하는 공간을 만들어냈죠. 불규칙한 곡선을 그리며 늘어선 노란 책장과 곳곳에 놓인 스탠드의 불빛은 아늑한 분위기를 연출합니다. 벽면의 거울과 특수 PVC 소재인 바리솔 barrisol을 사용해 만든 천장은 공간 모습을 반사해 마치 위와 옆으로 책이 끝없이 펼쳐진 것 같은 착각에 빠지게 하죠. 저희의 큐레이션 철학은 발견과 뜻밖의 재미예요. 이는 리버리아의 디자인과도 연결돼 있어요. 마법 같은 장소에서 여유롭게 책장을 둘러보며 구미 당기는 책을 발견하는 경험을 하길 바라는 의미입니다.

발견과 뜻밖의 재미라는 큐레이션 기조가 흥미롭네요.

존재하는지 몰랐던 아이디어나 지식을 발견하는 것은 즐거운 일입니다. 우리는 디지털 알고리듬이 콘텐츠를 제안하는 시대를 살고 있어요. 서적 유통시장을 지배하고 있는 아마존 Amazon이 대표적 예죠. 개인의 취향에 기반한 알고리듬은 필요한 정보를 전달하는 순기능도 하지만 걸러진 정보에 소비자를 가둬버리는 '필터 버블 filter bubble' 현상을 야기하기도 합니다. 개인화한 정보에 매몰돼 다른 아이디어에 노출되는 일이 적어지면 스펙트럼의 전체를 보기 어렵습니다. 사용자의 취향에 집중하는 아마존의 알고리듬은 다양한 책을 발견할 소비자의 기회를 박탈하고 있습니다. 발견의 재미를 위해 저희는 다른 서점에서 흔히 볼 수 있는 도서 분류 방식을 사용하지 않기로 했어요. 소설·역사·디자인 등 장르로 구분하는 대신 정체성(identity), 스캔들과 조사(scandals & investigations), 힘과 권력(power), 기술과 공예(technology & craft), 유토피아 utopia, 시간과 공간(time & space) 등의 키워드로 책을 분류하죠.

재미있는 카테고리네요. 정하는 기준이 따로 있나요?

구체적 기준은 없지만 손님들에게 환기시키고 싶거나 그들이 미처 모르고 지나갈 만한 주제를 선호하는 편입니다. 현재의 카테고리 중 상당수는 전임자가 기획한 것으로 기존의 틀은 계속해서 유지하되 저희가 다루지 않은 주제를 추가하는 방식을 취하고 있습니다. 어떤 카테고리를 어디에 진열할지도 세심히 결정하고요. 너무 한쪽에 무거운 주제가 치우치지 않게 하려고 노력합니다. 진지함과 가벼움 사이의 균형을 맞추는 것이 중요하죠.

주관적 분류라서 책의 구성도 독특할 것 같습니다.

같은 주제 안에도 밸런스가 존재합니다. 유토피아라고 해서 전부 아름다운 낙원에 관한 책만 있는 건 아닙니다. 긍정적 유토피아를 이야기하는 책과 디스토피아 distopia적 세계를 그리는 책이 나란히 꽂혀 있죠. 나쁜 페미니스트(bad feminist) 섹션에는 페미니즘에 관한 중요한 텍스트뿐 아니라 잔 다르크같이 강하고 영웅적인 여성상, 중세의 여성 신학자 빙겐 Bingen의 힐데가르트 Hildegard처럼 잘 알려지지 않았지만 시간을 초월한 여성의 이야기에 더 큰 비중을 뒀습니다. 저자도 모두가 아는 유명인부터 알려지지 않은 신인 작가까지 다양하게 선택합니다. 이런 방식을 통해 뜻밖의 책을 발견하는 재미를 유지하죠.

큐레이션을 관통하는 전반적 기준이 궁금해지는데요?

저를 포함한 3명이 한 팀을 이뤄 큐레이션을 담당합니다. 저희 자신의 에고를 최대한 배제하는 것이 큐레이션의 첫 번째 시작이에요. 제 개인적 취향이나 편견이 최대한 스며들지 않도록 노력합니다. 이 책방은 손님을 위한 공간이고 책은 그들을 위한 것입니다. 한 달에 2000권의 책이 새로 나오는 현실에서 모든 신간을 일일이 읽기란 불가능합니다. 출판사에서 보내는 카탈로그나 뉴스레터를 참고하기도 하고, 개인적 리서치나 주위의 추천, 신문 서평 등을 통해 새로운 작품에 대한 정보를 접합니다. 문학 전문 웹사이트 '릿 허브 Lit Hub(Literature Hub)'도 도움이 되고요. 저자나 출판사의 평판도 고려 대상이긴 합니다만, 유명세를 크게 따지진 않습니다. 셰익스피어의 저서도 딱 세 권만 있어요. 그것도 전부 다른 카테고리예요. 번역 작품의 경우 저자뿐 아니라 번역가도 중요하게 봅니다. 같은 작품이라도 번역하는 스타일에 따라 뉘앙스에 차이가 있기 마련이거든요.

정기 구독 서비스는 더 정밀한 큐레이션을 필요로 할 것 같습니다. 독자 개인의 취향을 일일이 반영하긴 어려울 텐데, 어떤 점을 고려하나요?

3명이 400여 명의 독자를 담당하기에 현실적으로 맞춤 서비스는 어렵습니다.(웃음) 저희가 추천하는 다양한 책들 사이에 적절한 흐름이 유지되는 것을 가장 중요하게 생각합니다. 작가의 성별과 문화권, 신작과 기존의 텍스트, 가벼운 책과 도발적인 책 등 작품들 사이의 밸

런스를 조절하는 방식으로요. 기술에 대한 책을 소개했다면 다음번엔 반대로 과학 윤리나 환경에 대한 책을 추천하죠.

좋은 숍을 만나면 자연스럽게 어떤 사람이 숍을 운영하는지에 대해서도 관심을 갖게 됩니다. 리버리아를 운영하는 이들의 삶의 태도를 관통하는 철학이 있을까요?

'발견'과 '아이디어'는 리버리아에서 일하는 모든 사람에게도 중요한 가치입니다. 새로운 아이디어를 발견하는 데서 그치면 아무런 의미가 없습니다. 그것을 발현해야 하죠. 저희는 미지의 것을 끊임없이 발견하는 경험을 제공하는 새로운 방식의 서점을 추구합니다. 그것을 구체화한 것이 리버리아이고요. 저는 이곳이 세팅된 이후 운영을 이어받았습니다만, 계속해서 새로운 아이디어를 떠올리며 적용해나가고 있습니다. 다른 팀원들도 자신의 경험이나 새로 접한 정보를 통해 새로운 큐레이션 테마와 운영 방식에 대한 아이디어를 공유합니다.

스마트폰 사용을 제한한다고 들었습니다.

리버리아는 서점인 동시에 문자로 쓰인 것들에 깃든 가치를 기리는 공간입니다. 온라인상에도 글은 수없이 존재하지만, 많은 경우 빠른 소비와 소화(digestion)를 염두에 두고 쓰입니다. 오랜 시간에 걸쳐 탄생하는 책과 다른 점이죠. 서점에 온 만큼 잠시 그것들로부터 로그아웃하고 눈앞의 책들에 빠져보는 것도 나쁘지 않습니다. 정중히 사용 자제를 부탁하면 대부분의 손님은 저희의 방침을 존중해줍니다. 오히려 저희의 방침을 좋아하는 분도 많고요.

오프라인 서점이 어려움을 겪는 시기입니다. 저렴한 가격으로 승부를 보는 대형 온라인 서점에 어떻게 대응하고 있나요?

아마존과 가격으로 경쟁할 순 없습니다. 때때로 아마존은 손해를 보면서 싼 가격에 책을 팝니다. 저희가 지불하는 도매가보다도 낮습니다. 시장점유율을 위해서죠. 그런 자본력이 없는 저희는 다른 방식으로 고객에게 어필해야 합니다. 저를 포함한 모든 직원은 책에 커다란 열정을 가지고 있고, 손님과 책에 대해 이야기하는 것을 즐깁니다. 구입할 책이 정해져 있는 손님은 아마존에서 사는 것이 더 저렴하다고 말하곤 해요. 하지만 직접 대화해 파악한 취향에 기반한 추천은 컴퓨터 알고리듬보다 훨씬 강력합니다. 추천받은 책이 마음에 든 손님은 다시 리버리아를 찾고요.

Impression

"저희는 아늑한 공간에서 이루어지는 '접객'의 경험을 극대화하기 위해 노력합니다.
자주 오는 분들께도 늘 처음 왔을 때와 같은 신선함을 느낄 수 있도록 새로운 책을 끊임없이 발굴해 추천하고요.
직접 쓴 카드처럼 개인적인 터치에 감동하는 손님도 있습니다."

노매드를 실천하는 편집숍

ADDRESS Potsdamer Straße 81a, Haus J, 1.0g, Berlin
WEBSITE darklandsberlin.com
INSTAGRAM @darklandsberlin
FOUNDED 2008년
PRODUCTS 검은색 위주의 의류와 액세서리

Darklands

다크랜즈

RAFAEL SANZIO

Darklands
Darklands

하이엔드와 아방가르드를 지향하며 제프리 비 스몰, 아키비오 제이엠 리봇 Archivio J. M. Ribot, 카롤 크리스티안 푈 Carol Christian Poell 같은 독자적 스타일을 구축한 디자이너의 의류를 전개하는 다크랜즈는 베를린에 첫 번째 매장을 연 2008년부터 지금까지, 컴퓨터 운영체제를 업그레이드하는 것처럼 새로운 버전의 콘셉트와 의류를 선보이고 있다. 다크랜즈 1.0에서 시작해 현재 6.0이 됐으니 13년 동안 여섯 번의 업그레이드를 거친 셈이다. “다크랜즈에서 경험하는 모든 걸 패키지로 판매해야 한다”는 것이 이들의 운영 방식이다. 그런 이유로 콘셉트가 변하면 전개하는 브랜드 라인업과 공간, 그 공간을 채우는 배경음악까지 모든 걸 바꾼다. 다크랜즈 1.0과 2.0은 홍등가와 부티크 상점을, 3.0과 4.0은 자동차 정비소와 비행기 격납고를, 5.0과 6.0은 주물 공장과 전통 양식의 고급 빌라를 숍 형태로 꾸몄다. 공간의 변화에서 알 수 있듯이 6.0은 다크랜즈의 원형이라 할 수 있는 거친 분위기와 달리 로맨틱한 감성을 담았다. 초기 베를린의 어둡고 자유분방한 이미지가 그들에게 더 이상 영감을 주지 않기 때문이다. 이렇듯 다크랜즈는 늘 시류와 상관없이 자신에게 영감을 주는 것을 발견하고 소개한다. 좋아하는 취향의 의류를 찾아 그걸 자신이 가장 좋아하는 공간에서 선보이는 일은 다크랜즈만의 독자적 숍을 만드는 동력이 됐다. 13년째 운영하고 있음에도 여전히 베를린 리테일 신의 개척자로 군림하는 이유다.

CAMPBELL MCDOUGALL
캠벨 맥두걸

다크랜즈 대표

ESTEFANIA CAMPILLO
에스테파니아 캄필로

다크랜즈 크리에이티브 디렉터

“중요한 것은 특별한 경험입니다”

(왼쪽부터) 캠벨 맥두걸, 에스테파니아 캄필로

다크랜즈 6.0은 인더스트리얼 분위기의 공간도 아닐뿐더러 테크노 음악도 들리지 않네요.

다크랜즈 5.0 이후에 생각이 좀 바뀌었습니다. 베를린 스타일로 규정하는 '다크 무브먼트'에서 파생한 것들, 이를테면 버려진 벙커와 공장, 올 블랙 스타일, 그라피티와 테크노 음악 같은 것들이 더는 저희에게 특별함을 주지 않더군요. 2019년 이후 변화를 꾀하기 시작했고, 같은 해에 조금은 로맨틱하고 고풍스러운 공간에 다크랜즈 6.0을 열었습니다. 저희의 성장 역사를 보면 알 수 있지만, 다크랜즈는 언제나 숨은 장소에 존재했습니다. 5.0을 예로 들면, 코트야드로 진입한 다음, 건물 2층으로 올라가야 했거든요. 5.0을 운영할 때만 해도 미디어에 거의 노출하지 않았고요. 오로지 저희를 찾는 고객과 관계했다고 보면 좋을 것 같습니다.

그렇다면 저희 매체 입장에선 행운이네요.

새로운 에너지가 필요했습니다. 그런 마음이 닫힌 저희의 문을 열게 만든 계기가 된 것 같아요.

숍으로 들어오는 입구에 있는 다크랜즈 간판을 시작으로 계단에 놓인 빈티지 촛대,
건물 계단의 형태도 예사롭지 않습니다. 공간에 오래된 벽화도 보이고요.

이 공간은 독일 미술사에 항상 등장하는 역사적 화가 안톤 폰 베르너 Anton von Werner가 살던 빌라입니다. 벽화가 남아 있는 부분도 이곳저곳 훼손된 부분이 많이 보이죠? 모르긴 몰라도 130년 동안 많은 일이 있었을 겁니다.(웃음) 베를린시에서 철저하게 관리하는 유서 깊은 건물이기 때문에 저희가 의도해서 리모델링 공사를 진행할 수 없는 불편함이 따르지만, 그렇기 때문에 오히려 저희와 잘 맞는다는 생각이 들었어요. 시대에 따라 다양한 이들을 받아들였음에도 처음 그대로의 형태를 유지하는 건물처럼, 저희 역시 지속적으로 새로운 버전을 소개함에도 다크랜즈만의 정체성을 지켜나가기 위해 노력하고 있으니까요. 그런 의미에서 이 건물 지하에 인더스트리얼 분위기의 숍 다크랜즈 X를 운영하고 있어요. 6.0이 다크랜즈의 현재와 미래를 표현하는 숍이라면, X는 저희의 출발점이자 본연의 가치를 내세운 숍인 것이죠.

다크랜즈 6.0의 미학은 무엇일까요?

보이는 그대로입니다. 공간이 꽤 로맨틱하다고 하셨죠? 바로 그것이 저희가 추구하는 미학이자 새로움입니다. 저희가 전개하는 브랜드 중에 이탈리아 베네치아 기반의 제프리 비 스몰을 특히 좋아하는데요, 다크랜즈에서 이 브랜드를 처음 전개할 때 고객 모두가 하나같이

의아해했죠. 아마도 4.0일 때 처음으로 제프리 비 스몰을 소개했는데요, 기존에 저희가 전개하던 대부분의 의류가 '강경파 테크노'를 즐기는 이들을 위한 날 선 구조적 검은 옷에 가까웠다면 제프리 비 스몰은 굉장히 우아하고 섬세한, 장인의 손으로 만든 옷에 가깝거든요. 그런데요, 흥미로운 점은 갈수록 제프리 비 스몰을 찾는 고객이 늘고 있다는 점입니다. 아마도 당시의 경험이 다크랜즈 6.0의 미학에 밑거름이 된 것 같습니다.

숍에서 전개하는 특정 브랜드가 숍과 오너, 그리고 고객에게 영감을 준 셈이군요.

그런 관점에서 공간 큐레이션이 굉장히 중요합니다. 숍은 고객한테 제품을 예쁘게 소개하는 것뿐 아니라 제품의 가치도 함께 전달해야 하거든요. 그러기 위해서 여러 브랜드를 한데 섞어 옷걸이에 줄지어 걸기보다 특정 브랜드를 위한 공간을 마련하는 쪽에 가까워요. 가령 저희 숍 공간 중 예전 벽화가 가장 많이 남아 있는 방에는 제프리 비 스몰의 의류만 전개하고 있습니다. 옷이 갖고 있는 '우아한 선'을 제일 잘 살려주는 공간이기 때문입니다. 이처럼 저희는 좀 더 체계적 패키지로 고객과 소통하는 노력을 기울이고 있어요. 여기서 패키지란 특정 브랜드만을 위해 공간과 제품, 음악 그리고 스태프를 준비한다는 의미예요. 그리고 그것이 저희가 숍을 새로운 버전으로 업그레이드하는 이유고요.

패키지를 온전하게 고객한테 선보이기 위해 예약제로 운영하는 걸까요?

저희는 오픈 이래 줄곧 고객을 일대일로 만나고 있습니다. 다크랜즈에서 많은 사람이 한꺼번에 북적거리는 건 상상할 수도 없고, 존재하지도 않는 일이죠. 저희가 다루는 대부분의 브랜드는 대중적이지 않습니다. 고객에게 좀 더 자세하게 브랜드의 특성을 전달해야만 해요. 이를 위해 예약 방문제는 저희 숍에서 가장 중요한 운영 방침입니다. 한 명의 고객이라도 저희가 준비한 패키지를 제대로 전달할 때 숍이 자신을 존중한다는 믿음을 얻을 겁니다. 저희는 모두가 아는 대중적 숍이 아니라, 자신만 아는 특별한 기억과 정보를 얻을 수 있는 숍이 되고 싶은 거죠.

일대일 고객 응대는 아주 많은 시간과 노력이 필요할 것 같습니다. 하지만 오랜 시간 숍으로 살아남기 위해서는 약속 없이 찾아오는 새로운 고객도 중요하지 않을까요?

저희는 단 한 번도 상업적 시도를 해본 적이 없습니다. 철저하게 저희한테 자극을 주는 브랜드에 집중했다고 생각해요. 덕분에 꽤 어려운 고비도 많았지만, 마니아층을 형성할 수 있었죠. 저희가 무엇을 하든 지지하는 분들이 있으니 지금처럼 숍을 자주 옮기거나, 새로운 스타일의 브랜드를 소개할 수 있는 거예요. 가끔 "베를린을 세 번이나 방문했는데, 이제야 다크랜즈 예약에 성공했네요"라고 말하는 고객이 있습니다. '안티마케팅'을 고수하지만, 이것이 오히려 마케팅 효과를 낸다고 할까요?(웃음) 판매자와 고객이 아니라, 친구와 친구처럼 서로가 관계를 맺는 것이죠.

코로나19로 인해 오프라인 숍은 위기에 직면했습니다.

실제로 도시가 '록다운'됐을 때 관광객을 대상으로 물건을 팔던 숍 대부분이 폐업했습니다. 저희도 이 어려움을 극복하기 위해 노력하고 있고요. 그나마 다행인 점은 저희가 오프라인 숍보다 먼저 온라인 쇼핑 서비스를 도입했다는 것입니다.

2008년보다 앞서 온라인 숍을 운영한 건가요?

다크랜즈 1.0을 선보이기 한참 전인 1995년부터 온라인 숍을 운영했습니다. 당시는 '월드 와이드 웹'이 아닌 '월드 와이드 웨스트' 시절이었죠.(웃음) 현재의 온라인 쇼핑몰 플랫폼이기보다는 블로그에 가까웠어요. 아마 저라면 의심부터 했을 겁니다. 꼭 사기 사이트 같았거든요. 그런데도 주문하는 고객이 있어서 당시에 정말 감동받으면서 제품을 배송했죠. 운영 방침은 지금의 오프라인 숍과 크게 다르지 않습니다. 쇼핑 카트에 원하는 만큼 물건을 담고 한 번에 결제하는 시스템이 아니라, 고객에게 메일로 주문을 받고 해당하는 상품을 보내줬거든요. 일대일로 고객을 응대한 셈이죠. 이 운영 방침은 지금도 고수하고 있어요.

베를린의 터줏대감인데요, 팬데믹 이후 베를린의 숍은 어떤 모습일까요?

베를린의 다른 지역이나 숍에 대해서는 전혀 '팔로 follow'하고 있지 않습니다.(웃음) 팬데믹에 연결 지어 숍의 상황을 얘기하면, 베를린은 역사적으로 가난한 도시라 다른 대도시의 상권과 굉장히 다릅니다. 런던에서 성공했다고 해서 베를린에서 성공할 수 있는 건 아니에요. 그래서 개인이 운영하는 소규모 숍이 많은 도시이기도 합니다. 한데 그런 숍이 문을 닫아야 하는 게 걱정스럽습니다. 그래서 전 오히려 희망적인 얘기를 하고 싶어요. 팬데믹 이후는 분명 젊은 세대에게 새로운 기회가 될 겁니다. 리셋 버튼을 누르듯 다시 예전의 베를린처럼 새로운 콘셉트 숍이 거리를 메우겠죠.

Impression

"저희는 숍을 방문한 고객에게 음료를 대접하고, 전개하는 브랜드를 소개할 뿐 아니라, 고객과 서로의 관심사를 공유하기도 합니다. 지금 흘러나오는 음악은 전부 저희가 신중하게 고른 것입니다만, 고객이 원하면 스스로 매장 내에 있는 음반을 골라 음악을 틀 수 있게 배려합니다."

PERSEPHONE BOOKS
페르세포네 북스

여성의 주체성을 이야기하는 서점

런던 블룸즈버리 Bloomsbury의 램즈 콘딧 Lamb's Conduit은 특색 있는 숍이 모여 있는 아름다운 거리다. 이곳에 위치한 페르세포네 북스에 들어서면 일반 서점과 달리 모두 같은 회색의 표지와 하얀 레이블을 두른 책만 빼곡히 꽂혀 있다. 겉은 같지만 제목을 들여다보면 전부 다른 책임을 알 수 있다. 장편과 단편소설에서 일기와 요리책까지 장르도 다양하다. 가지런히 정돈한 책들 사이사이에 놓인 꽃들은 자칫 건조하기 쉬운 책방 분위기에 생동감을 더한다. 1999년 영국 여성 작가 니컬라 보먼 Nicola Beauman이 설립한 이곳은 서점인 동시에 잘 알려지지 않은 20세기 중반 여성 작가의 책을 다루는 독립 출판사다. 물론 작가의 성별만 큐레이팅의 조건은 아니다. 문학적으로 훌륭한 평가를 받아야 하지만, 여성이 썼다는 이유로 공정하지 못한 평가를 받아 잊히거나 절판된 작품을 발굴하고 재출판하는 데 초점을 맞춘다. 회색 표지와 대조를 이루는 컬러풀한 내지는 시대적 배경 속에서 빛을 보지 못한 여성 작가들을 향한 오마주와 같다. 2020년 현재 140여 권의 책을 세상에 다시 내놓았는데, 대표적 예로 <미스 페티그루의 어느 특별한 하루(Miss Pettigrew Lives for a Day)>가 있다. 1938년 발간한 이 책은 2000년 이곳에서 재출판한 후 폭발적 인기를 끌며 영화화로 이어지기도 했다. 덕분에 페르세포네 북스도 초창기의 작은 지하실에서 벗어나 지금의 규모로 성장할 수 있었다. 가용할 자원이 늘었지만 여전히 출판할 책의 선택에는 신중을 기한다. 한 번 출판한 책이라도 오래전의 작품에 숨결을 불어넣는 데는 많은 노력이 들기 때문이다.

LONDON

ADDRESS 59 Lamb's Conduit St., London
WEBSITE persephonebooks.co.uk
INSTAGRAM @persephonebooks
FOUNDED 1999년
PRODUCTS 책

HOP BURNS & BLACK
홉 번즈 앤 블랙

핫 소스와 음악이 어우러진 보틀 숍

크래프트 맥주, 핫 소스, 음반을 함께 판매하는 홉 번즈 앤 블랙은 별난 비즈니스가 많은 런던의 페컴에서도 가장 엉뚱한 곳 중 하나다. 서로 붙여놓아도 연관성이 쉽게 떠오르지 않는 조합엔 '오너들의 애착'이라는 공통분모가 숨어 있다. 공동 창립자인 젠 퍼거슨 Jen Furguson과 글렌 윌리엄스 Glenn Williams 커플은 미디어 관련직에 종사하던 시절 이렇다 할 성취감을 느끼지 못했다. 그러던 중 "자신이 사랑하는 것을 하면 일처럼 느껴지지 않는다"라는 누군가의 말에 영감을 받아, 평소 열정을 가져왔던 세 가지 품목인 맥주, 레코드, 핫 소스를 뒤섞은 가게를 시작하기로 마음먹었다. 맥주의 원료, 핫 소스의 매운맛, 바이닐 레코드판의 색깔을 지칭하는 상호명이 붙은 까닭이다. 대체 무얼 하는 곳인가 궁금해하며 들어온 손님들은 매장 안을 둘러보고 이름의 의미를 깨닫는다. 보틀 숍의 성격을 갖는 만큼 주력 제품은 크래프트 맥주이지만, 핫 소스와 음반도 결코 들러리가 아니다. 100여 가지 핫 소스를 판매할 뿐 아니라 1년에 걸쳐 18병의 아르티장 핫 소스를 보내주는 정기 구독 서비스 'HBB 서브 클럽 HBB Sub Club'도 운영한다. 음반의 경우는 일렉트로닉과 재즈·펑크를 망라하는 바이닐 레코드를 취급하며, 전적으로 본인들의 취향을 반영했다. 홉 번즈 앤 블랙은 비즈니스인 동시에 열정의 아카이브이고, 그것을 사람들과 공유하는 채널로도 기능한다. 독창적 큐레이션은 로컬 소비자의 큰 호응을 얻어 2018년 인근 뎃퍼드 Deptford에도 분점을 냈다.

LONDON

ADDRESS 38 East Dulwich Rd., London
WEBSITE hopburnsblack.co.uk
INSTAGRAM @hopburnsblack
FOUNDED 2014년
PRODUCTS 크래프트 맥주, 레코드, 핫 소스

PERSEPHONE BOOKS

PRESENT & CORRECT
프레젠트 앤 커렉트

모던한 사무실을 위한 빛바랜 문구점

상점이 없을 것 같은 한적한 주택가에 자리한 작은 문구점 프레젠트 앤 커렉트는 런던을 찾는 문구 애호가들의 성지나 다름없다. 창업자 닐 휘팅턴 Neal Whittington은 모노클 Monocle의 크리에이티브 에이전시 윙크리에이티브 Winkreative를 비롯해 여러 브랜드에서 활동한 그래픽 디자이너다. 어린 시절부터 우체국과 학교 등에서 사용하는 용품에 심취한 그는 용돈이 생길 때마다 각종 종이와 문구, 엽서를 모으곤 했다. 건축·그래픽·패키징·우표 등 20세기 중반을 영위한 디자인 요소는 그의 미의식 형성에 큰 영향을 미쳤다. 2009년 그래픽 디자이너 동료 마크 스미스 Mark Smith와 자신들의 디자인 작업 및 좋아하는 문구용품을 큐레이션해 판매하는 온라인 숍을 열었다. 반응은 그야말로 뜨거웠다. 그들만의 심미안으로 고른 아름다운 문구용품은 곧 입소문을 탔고, 그 결과 2012년 런던 북부 이슬링턴 Islington에 지금의 오프라인 숍을 열게 됐다. 다양한 문화권의 손님과 이야기하는 것을 즐기는 휘팅턴이 주로 숍을 지킨다. 직접 다른 나라의 빈티지 마켓에서 발굴하거나 컬렉터 네트워크를 통해 수급하는 빈티지 제품은 타 문구점과 차별화되는 지점이다. 오래된 종이 계산서나 선적 리스트처럼 용도를 잃었거나 수동 달력처럼 새로운 기술에 밀려 단종된 빈티지 문구와 탁상용품이 새 제품과 어우러져 형성하는 기묘한 조화는 종이와 펜이 일상에 깊이 파고들어 있던 시절의 향수를 증폭시킨다. 숍의 전반적 운영을 담당하는 휘팅턴의 취향은 제품의 큐레이션뿐 아니라, 선·도형·모노톤과 그것들을 이용한 패턴을 강조하는 이들의 시각적 언어와도 맞닿아 있다. 단정한 흰 벽과 직접 설계해 만든 자작나무 진열대에 빈틈없이 놓인 각종 제품은 높은 완성도로 안정감을 준다. 절묘한 색상 조합과 완벽한 배열로 소개하는 소셜 미디어의 이미지는 그들의 공간만큼이나 컬트적 쾌감을 선사한다.

LONDON

ADDRESS 23 Arlington Way, London
WEBSITE presentandcorrect.com
INSTAGRAM @presentandcorrect
FOUNDED 2009년
PRODUCTS 문구 및 사무용품

PAPER & TEA
페이퍼 앤 티

모던한 공간에서 마주하는 느림의 미학

페이퍼 앤 티는 커피 소비가 주류이던 베를린에 차를 전파한 선구자적 브랜드이다. 찻집 특유의 동양적이면서 전통적인 인테리어를 과감히 탈피하고 직선과 그리드, 검정과 회색 같은 모던한 요소를 믹스해 꾸민 깔끔한 매장은 젊은 베를리너의 호기심을 자극했고, 그 결과는 대성공이었다. 페이퍼 앤 티의 강점은 매장에 티 마스터가 있다는 점이다. 현대적이고 모던하게 차려입었지만, 따뜻한 차를 위해 천천히 공들이는 모습은 영락없는 티 마스터의 모습이다. 그는 매장을 방문하는 이에게 여유 있게 차를 우려내는 법, 따르는 법, 그리고 마시는 법 등 차 문화를 경험할 수 있도록 최대한 성실히 안내한다. 물론 매장에서 조용히 차를 둘러보고 싶은 이에겐 충분한 시간을 주기도 한다. 이들이 강조하는 것은 커뮤니케이션이다. 고객에게 단순히 차를 판매하는 것이 아니라 중국과 한국·일본·대만·인도·네팔 등의 특별한 차를 적극적으로 경험하게 한 후, 대화를 통해 그들의 취향을 파악하는 것이야말로 페이퍼 앤 티가 전하는 오프라인 숍의 순기능이다. 이때 녹차, 홍차, 백차, 우롱차 등 전통차와 더불어 브레이브 뉴 얼 Brave New Earl, 잭팟 더비 Jackpot Derby처럼 직접 블렌딩한 차를 그들이 제작한 출판물을 통해 소개하기도 한다. 책장을 한 장 한 장 넘기며 알게 되는 원산지, 재배 이력, 공정 무역 등 페이퍼 앤 티만의 투명한 정보는 이곳을 찾는 고객에게 신뢰감을 더해준다. 페이퍼 앤 티는 잎차를 판매하는 리테일 숍이었지만, 티 테이블을 갖추고 티 마스터와 함께 차를 마실 수 있는 경험을 제공하는 '스토어 앤 티 바 Store & Tea Bar'를 샤를로텐부르그 Charlottenburg 지점과 백화점 카데베 KaDeWe지점에 오픈해 운영 중이다. 페이퍼 앤 티가 추구하는 커뮤니케이션의 확장형인 셈이다.

BERLIN

ADDRESS Bleibtreu Straße 4, Berlin
WEBSITE paperandtea.com
INSTAGRAM @paperandtea
FOUNDED 2011년
PRODUCTS 차, 잡화

PRESENT & CORRECT

HARDWAX
하드 왁스

베를린 테크노 신의 중심

하드 왁스는 베를린 테크노 & 덥 신의 중심을 지켜온 음악 레이블 베이식 채널 Basic Channel의 대표 마르크 에르네스투스 Mark Ernestus가 운영하는 레코드 숍이다. 숍 이름은 바이닐을 만드는 재질에서 파생했다. 베를린장벽이 무너진 1989년부터 테크노 음악을 중심으로 레게, 덥, 덥스텝 등 댄스 뮤직을 베를린에 줄곧 소개해왔으니, 베를린 음악 신을 주도한 메카라 불러도 과언이 아니다. 숍은 폐허처럼 보이는 공장 터에 자리한 건물 3층에 있는데, 올라가는 계단 벽면은 세월을 대변하는 뮤지션의 스티커와 낙서로 가득하다. 테크노와 하우스 신을 대표하는 뮤지션의 이름과 낙서를 직접 볼 수 있어 명예의 전당이라 부르기도 한다. 숍 안으로 들어가기 전까지 클럽으로 향하는지, 레코드 숍으로 향하는지 헷갈리기 일쑤지만, 매장 안은 온전한 레코드 숍의 모습이다. 수를 가늠하기 어려울 정도로 많은 음반이 차곡차곡 쌓여 있는데, 모든 음반은 뮤지션별로 완벽하게 정리돼 있다. 이곳의 자랑은 역시 테크노와 레게, 덥 장르의 앨범. 특히 테크노 12인치, 레게 7인치 바이닐 라인업은 각국의 DJ와 뮤지션 사이에서 최고 수준으로 평가받는다. 하드 왁스의 또 다른 강점은 스태프에 있다. 대부분 DJ 출신이거나 댄스 음악에 방대한 지식을 가진 베테랑이기 때문에 고객이 원하는 음반을 손쉽게 찾아줄 뿐 아니라, 완벽히 새로우면서도 취향에 걸맞은 장르의 음악을 발견하는 데 도움을 준다. 그들이 추천하는 음반을 숍에 마련한 청음 공간에서 하나씩 들어보는 것만으로도 이곳을 찾는 이유는 충분하다.

BERLIN

ADDRESS Paul-Lincke-Ufer 44a, Berlin
WEBSITE hardwax.com
INSTAGRAM @hardwax_official
FOUNDED 1989년
PRODUCTS 테크노 LP 음반

GARDE
가르드

미니멀리스트의 공간

가르드는 캘빈 클라인 Calvin Klein, 조르지오 아르마니 Giorgio Armani 등 하이 패션업계에서 오랜 전략 기획 경력을 쌓은 스코티 시츠 Scotti Sitz가 2012년 자신의 고향 LA로 돌아와 문을 연 가구 중심의 디자인 갤러리다. 평소 안목이 뛰어나기로 소문난 그는 한 프랑스 클라이언트로부터 주택 개조 프로젝트를 의뢰받으면서 가구를 찾아보기 시작했는데, 막상 자신이 좋아하는 유럽 디자이너의 작품, 특히 신진 디자이너의 작품은 미국에서 거의 구할 수 없다는 걸 깨달았다. 이때 그는 직접 재능 있는 아티스트와 디자이너를 찾아 소개하기로 마음먹고 가르드를 오픈했다. 전파상이 있던 자리에 문을 연 첫 번째 매장은 그의 취향대로 절제된 미니멀리스트 디자이너의 작업실이 약 90m²의 공간에 유기적으로 배치돼 있다. 샌타바버라 북쪽에 위치한 서머랜드 Summerland에 낸 두 번째 매장은 1920년대 지은 헛간을 가정집처럼 꾸며 가구 컬렉터의 집을 방문한 듯한 경험을 준다. 실제로 숍 2층은 에어비앤비 Airbnb 숙소로 운영하고 있어 그가 생각하는 이상적인 주거 공간을 간접경험할 수 있다.

LA

ADDRESS 7410 Beverly Blvd., Los Angeles, CA
WEBSITE gardeshop.com
INSTAGRAM @gardeshop
FOUNDED 2012년
PRODUCTS 가구

HARDWAX

BROOME ST. GENERAL STORE
브룸 스트리트 제너럴 스토어

사적 취향으로 꾸민 잡화점

뉴욕 출신의 소피 Sophie와 피터 그레이엄 Peter Graham은 LA 실버레이크가 지금처럼 힙스터 거리로 유명해지기 전인 2010년에 이 잡화점을 열었다. 소피가 실제로 살았던 뉴욕의 거리 브룸 스트리트가 숍의 이름이 된 이유는 당시 집에 필요한 모든 물건을 그 거리의 이웃 가게에서 구입한 추억 때문이다. 그는 응당 뉴요커라면 이케아 같은 보편적 취향을 추구하는 대형 가구 매장에서 싹쓸이하듯 쇼핑하지 않는다면서, 처음 혼자만의 아파트로 독립했을 때부터 개성 강한 소규모 로컬 숍을 찾아다니며 취향에 맞게 신중히 물건을 골라 큐레이션에 대한 안목을 키웠다고 말한다. 그리고 그와 같은 방식으로 LA의 차이나타운부터 리틀이탈리아까지 골목골목을 뒤져 찾아낸, 정말로 집에 들이고 싶은 물건만 판매하는 숍을 열었다. 향신료와 소스부터 선물하기 좋은 소품, 옷과 패션 액세서리에 이르기까지 워낙 방대한 카테고리의 물건을 마치 개인 수집품처럼 판매하다 보니 거의 매일 이곳에 들러 새로운 상품을 탐험하는 단골손님이 많은데, 그들이 동네 마실 나오듯 들를 수 있도록 카페도 겸하고 있다. 단골이 제집처럼 편히 드나드는 이곳만의 편안함은 어린 시절 미국 전역의 소도시를 여행한 경험에서 비롯했다. 시골 마을이라면 꼭 하나씩 있는 게 잡화점인데, 손님이 필요하다고 하면 무엇이든 구해서 가져다주기도 하는 잡화점만의 친근한 분위기를 재현하고 싶었다고. 단, 디자인과 퀄리티가 충분히 좋은 것만 골라 소개하겠다는 목적을 확고하게 지키기 위해 직접 집에 들여보고 써보지 않은 물건은 판매하지 않는다.

LA

ADDRESS 2912 Rowena Ave., Los Angeles, CA
WEBSITE broomestgeneral.com
INSTAGRAM @broomestgeneral
FOUNDED 2010년
PRODUCTS 식료품, 생활용품, 디자인 소품

QUSAMURA TOKYO
쿠사무라 도쿄

살아 있는 골동품처럼 전시한 선인장

도쿄 세타가야다이타 지역 주택가에 조용히 자리한 쿠사무라는 '좋은 얼굴을 하고 있는 식물'을 콘셉트로 오너가 일본 전역을 여행하며 모은 개성 넘치는 식물을 그 개체의 특징을 이끌어내는 화분과 함께 제안한다. 한 번도 보지 못한 식물을 작가의 도기 작품에 담아 전시하는 이곳에 들어서면 누구나 희귀한 생명체 앞에서 신기함을 느끼면서 이들의 세계관에 서서히 스며들게 된다. 선인장과 다육식물은 마치 갤러리의 작품처럼 화이트 스탠드에 한 점 한 점 놓여 있어 시간을 들여 천천히 마주 볼 수 있다. 이는 각각의 식물에게 서로 다른 스토리와 볼거리, 특징이 있다는 걸 존중하기 때문이다. "식물의 개성에 주목하고 그것을 가장 두드러지게 하는 전시 방법을 찾기 위해 시행착오를 거쳤습니다. 관심 있는 작품이 있다면 스태프가 일대일로 설명해줄 겁니다. 가장 좋은 방법은 직접 손에 들고 식물의 생명을 느껴보는 겁니다." 점주 오다 고헤이 Kohei Oda의 말이다. 그는 일본 국내외를 불문하고 식물을 컬렉팅하는 것 자체에 가장 많은 시간과 노력을 기울인다. 그런 그에게 선인장이나 다육식물은 마치 살아 있는 골동품 같은 존재다. "생장이 매우 느리기 때문에 오랜 세월에 걸친 진화에 의해 모습이 다양하게 변화합니다. 마치 골동품처럼 한적하게 살아가지요. 그 과정에서 만들어진 정교한 조형을 눈여겨봐주세요. 그런 유일무이한 존재에 우리는 높은 가치를 부여합니다." 식물에 관한 그의 진지하고도 애착 어린 철학을 듣고 있노라면, 날마다의 작은 감동과 발견을 잊지 말고 살자는 삶의 의지가 느껴진다.

TOKYO

ADDRESS 4 chome-3-12, Daita, Setagaya-ku, Tokyo
WEBSITE qusamura.com
INSTAGRAM @qusamura_official
FOUNDED 2019년
PRODUCTS 선인장, 다육식물

QUSAMURA TOKYO

ALKOV
알코브

일상성의 미학을 구현한 빈티지 가구 숍

아름다움, 편안함, 실용성. 이 삼박자를 모두 갖춘 미드센추리 빈티지 가구로 구성된 알코브는 조용한 힘이 느껴지는 곳이다. 상업 공간에서 잘 쓰지 않는 나무 바닥, 커튼, 높은 층고 같은 디자인 요소는 이곳에 들어왔을 때 집 같은 편안함을 느낄 수 있도록 고안한 부분이다. 빨간 벽돌 건물, 높낮이가 다른 공간 구성, 아르데코 시대의 기하학적 장식 요소 하나하나 오미나 대표의 손길이 닿지 않은 곳이 없다. 대림미술관에서 근무하며 핀 율 Finn Juhl 전시를 진행한 그는 이를 기점으로 가구 컬렉터의 세계에 눈을 떴다. 가구가 지닌 일상성, 그리고 빈티지가 지닌 세월의 흔적과 수공예적 요소에 큰 매력을 느껴 2015년 북유럽 여행을 시작으로 알코브를 구체화하며 사람들에게 아름다움을 전할 수 있는 가구를 선보여왔다. 직접 발로 뛰며 수입한 제품으로 이뤄진 알코브 컬렉션은 의자, 소파, 장식장, 책상같이 부피가 큰 가구부터 조명등, 유리 제품, 포스터 등 작은 소품까지 다양하다. 모더니즘의 상징이라 할 수 있는 바실리 Wassily 체어처럼 유명한 가구 컬렉션도 갖추고 있지만, 국내에 잘 알려지지 않은 디자이너의 작품을 선보이는 것 역시 알코브의 목표다. 매장 층고를 달리하는 것으로 공간 분할을 이뤄낸 이곳은 집처럼 거실, 다이닝 룸, 방으로 구분되어 있는데, 이는 방문하는 이들로 하여금 가구가 자신의 집에 놓인 장면을 상상할 수 있도록 하기 위함이다. 개성 있는 가구 리스트에 더해 알코브는 빈티지 가방을 전개하는 자사 브랜드 '세스헤트 Seshat'도 보유하고 있다. 가방도 빈티지의 범주 안에서 해석하려는 목적 아래 탄생한 세스헤트는 알코브와 마찬가지로 시간을 초월한 클래식함을 보여준다. 가방을 몸에 지니고 다니는 개인 공간의 개념으로 접근하는 세스헤트는 현재까지 빈티지 에르메스 Hermès를 주로 취급하지만, 앞으로 컬렉션 스펙트럼을 더욱 넓혀갈 예정이다.

SEOUL

ADDRESS 경기도 성남시 수정구 청계산로4길 21 1층
WEBSITE alkov.kr
INSTAGRAM @alkov.kr
FOUNDED 2018년
PRODUCTS 빈티지 가구, 가방

BLOCK SHOP
블록 숍

디자이너와 장인의 공동 연대

블록 숍은 호피 Hopie와 릴리 스톡먼 Lily Stockman 자매가 운영하는 텍스타일 브랜드 숍이다. 인도에 살면서 아티스트로 활동하던 동생 릴리가 블록으로 찍는 전통 방식의 핸드 프린트(색을 내는 그림 무늬가 블록 모양이 되도록 판을 파고, 천에 누르듯이 해서 염색한다) 스카프 컬렉션을 만들어본 것이 시작이었다. 프로젝트가 커지면서 컨설팅 일을 하던 언니 호피가 합류했고, 브랜드는 다양한 예술가와 연대하고 협업하는 컬렉티브 형태를 갖추게 됐다. 바우하우스에서 영감을 받은 단순하고 기하학적 패턴은 자매가 디자인하지만, 이후 공정인 제작은 모두 인도 자이푸르의 장인들이 맡는다. 자이푸르의 지역 커뮤니티와 연대해 소규모 생산을 유지하면서 공정한 임금을 지불하며 생산 현장을 투명하게 공개하고, 1년에 두 번 인도에 가서 장인들과 새로운 디자인 및 제작 방식을 연구·개발한다. 생산자들과 동등한 지위를 갖고 상호적 방식의 협업을 하는 것이 이들의 모토다. 블록 숍의 또 다른 활동 분야는 결이 비슷한 여러 브랜드와 진행하는 공간 디자인 프로젝트다. 여성 패션 디자이너 브랜드 레이철 코미 Rachel Comey, 에이스 호텔 Ace Hotel, 캘리포니아에 기반을 둔 도자기 브랜드 히스 세라믹스 Heath Ceramics, 스피커 브랜드 소노스 Sonos, 에어비앤비 등 분야와 규모를 막론한 브랜드와 다양한 공간 디자인 협업을 해왔고, 이런 작업들에 쓴 패턴과 모티브를 그대로 활용한 패브릭 제품을 매장에서 전시하거나 판매한다. 이들의 스튜디오 겸 유일한 매장은 제품의 패턴이 가장 잘 돋보이게끔 공간 자체의 인테리어를 최소화하고 몇 그루의 식물만 배치했다. 진열한 여러 제품의 패턴이 겹치면서 서로 충돌하지 않도록 숍의 본질을 고려한 디스플레이를 중요하게 여기기 때문이다.

LA

ADDRESS 3191 Casitas Ave., #156, Los Angeles, CA
WEBSITE blockshoptextiles.com
INSTAGRAM @blockshoptextiles
FOUNDED 2013년
PRODUCTS 수공예 텍스타일, 인테리어 소품

Finn Juhl

BLOCK SHOP

SOUNDS GOOD!
사운즈굿

재즈를 품은 레코드 숍

사운즈굿이 문을 연 2017년에는 특정 장르 음악을 취급하는 레코드 숍은 그야말로 바이닐 디거 vinyl digger의 성역이었다. 대부분 으슥한 골목길에 터를 잡은 것도 그들을 위한 아지트를 만들고 싶어서다. 숍에서 다루는 음악 장르를 잘 모르면 발붙이기 어려운 환경을 의도적으로 조성한 셈. 그런 분위기 속에서 사운즈굿은 공원을 낀 연남동 대로변에 재즈 전문 레코드 숍을 열었다. 사운즈굿이 처음 숍을 열며 내건 모토는 '룸 R.O.O.M(Root Of On Mind)'이다. '좋아하는 뿌리(재즈 음악)로부터 파생한 모든 것으로 채운 편안한 방'이 시작점이니 여느 레코드 숍과는 다른 방향성을 만들어낼 수밖에 없다. 덕분에 사운즈굿은 다양한 채널을 통해 문화로서 재즈를 소개하는 장소로 성장했다. 재즈 문화 관련 텍스트나 이미지를 새긴 스웨트셔츠, 쇼츠와 볼캡 등을 제작·판매하고, 국내 DJ와 협업해 매주 월요일마다 홈페이지에서 음악 스트리밍 서비스 '먼데이믹스'를 공개하는 것 모두 재즈의 문턱을 낮추기 위한 방법이다. 공간은 재즈 음악 특유의 즐거움과 즉흥성, 다양성을 편하게 즐길 수 있도록 꾸몄다. 내부에 들어서면 인센스 스틱에서 피어나는 향이 가장 먼저 느껴지는데, 이는 편안한 마음으로 음악을 즐기도록 한 오너의 배려다. 모든 바이닐 음반엔 QR코드가 찍혀 있어 스마트폰만 있으면 손쉽게 음악을 미리 들어볼 수 있다. 재즈 관련 상품도 다양하게 구비해 턴테이블이 없는 이도 재즈 음악을 간접적으로 경험할 수 있다. '온리 바이닐 only vinyl' 같은 폐쇄성 짙은 슬로건 대신 재즈 문화 전달자에 가까운 사운즈굿의 역할을 확인할 수 있는 대목이다.

SEOUL

ADDRESS 서울특별시 마포구 성미산로 29길 26, 지하 1층
WEBSITE soundsgood-store.com
INSTAGRAM @soundsgood_store
FOUNDED 2017년
PRODUCTS 재즈 LP 음반, 의류

HE JAZZ
LISTE
NERS

SOUNDS GOOD!

sounds good!
record
MILES
Record cleaner box set
Stylus cleaner

SPIRIT

OF

THE

TIMES

특정 지역을 기반으로 전통성과 장인 정신을 품은 모든 메이커와 숍이 성공하는 건 아니다. 낙엽을 활용해 증류주의 향을 내거나 동·서양 혹은 시대를 넘나드는 가구와 생활 집기를 같은 공간에서 판매하는 일, 손으로 빚은 도자에 과감한 색과 패턴을 입히는 노력처럼 오래된 관습이나 지역성을 보존하는 동시에 시대정신을 반영한 곳이 또렷한 정체성을 간직하며 교감할 수 있다. 지속적으로 새로움을 덧칠하는 지역 기반의 브랜드야말로 미래의 브랜드 신에 전통의 가치를 증명함과 동시에 창의적 에너지를 불어넣을 것이다.

근대 한국의 문화유산
무아치 Muachi
에디터 김나래 | 포토그래퍼 윤미연

—

혁신과 장인 정신이 일군 증류주
도이치 슈피리투오젠 마누팍투어 Deutsche Spirituosen Manufaktur
에디터 이상혁 | 포토그래퍼 최다함

—

제작부터 판매까지 올인원 플랫폼
히스 세라믹스 Heath Ceramics
에디터 신희승 | 포토그래퍼 패트릭 김(인물·소살리토), 이은호(공간·LA)

—

And more
카이트 Keit
퀸 케라미크 Kühn Keramik
아르티에이치 숍 Rth Shop
이스 라이브러리 Eath Library
엘더 스테이츠먼 Elder Statesman
하쿠지쓰 Hakujitsu
꽃술 Kkotssul
에디터 이상혁, 이경은, 김나래, 이민경

근대 한국의 문화유산

ADDRESS 서울특별시 종로구 낙산성곽서1길 7 제65호
INSTAGRAM @muachi_seoul
FOUNDED 2020년
PRODUCTS 가구, 생활 소품

Muachi

무아치

종로구 낙산 성곽길 산등성이에 자리한 무아치(無我恥)는 '거리낌 없는 자유로운 상태'를 뜻하는 가구 편집숍이자 일종의 전시 공간이다. 무아치의 최진범 대표는 '최가철물점'부터 시작해 '쇳대박물관'을 운영해온 아버지 때부터 모아온 한국의 고가구와 백자는 물론, 국적을 불문한 가구와 생활 제품을 이곳에 자유분방하게 풀어놓는다. 1958년에 지은 근대 가옥 두 채에 깃들인 무아치는 한국의 근대 문화유산 그 자체로, 건물 뼈대를 비롯해 당시의 모습이 그대로 드러나 있다. 이미 존재하는 것을 강조한 덕분인지 무아치 안에 경계 없이 놓인 사물들은 그것이 더욱 명료하고 풍성하게 눈에 들어오도록 하는 효과가 있다. 무아치가 자리한 이화동은 대통령 사저인 이화장이 생기면서 부유층이 머무르던 지역이다. 무아치는 이화마을에서도 총 17세대가 옹기종기 머리를 맞대고 있는 골목에 자리한다. 이 구불구불한 골목에는 무아치의 근간인 최가철물점(현재는 양평으로 이전)과 쇳대박물관, 갤러리 카페 '개뿔', '노박' 등이 차례차례 연결성을 갖고 위치해 있다. 최진범 대표는 아버지 및 형과 함께 무아치를 포함해 이화마을에 자리한 9개 공간을 근거로 이화동 고유의 매력을 외부로 발신해나가는 일이 목표라고 말한다.

JINBEOM CHOI
최진범

무아치 대표

"무아치를 통해 한국 빈티지의 미적 가치를 전하려 합니다"

행정구역상 지명인 이화동보다 흔히 이화마을이라 불리는 이 지역은 어떤 곳인가요?

이화마을은 약 60년 전 이승만 정권 때 대한주택영단(1948~1962년에 존재하던 한국토지주택공사의 전신)이 계획해 설계한 최초의 국민주택 단지예요. 마을 전체 집이 남서향이라 겨울에도 초저녁까지 강렬한 빛이 들어오고, 조망권이 확보돼 있어 현재는 이러한 동네를 조성하려 해도 할 수가 없다고 해요. 외부인에겐 벽화 마을로도 잘 알려져 있죠. 약 7년 전, 서울시의 도심 재생 사업 프로젝트에 최가철물점과 쇳대박물관을 이끄는 아버지 최홍규 관장이 참여하면서 저도 마을을 부흥하는 일에 동참하게 됐죠. 그때 이화마을을 처음 찾았는데, 당시엔 지금보다 도로도 비좁고 집도 더 낙후한 달동네에 가까운 모습이었습니다.

아직 공식 웹사이트도 없는 무아치를 처음 인스타그램에서 발견하고 놀랐어요.
동서양의 제품이 한데 뒤섞여 만들어내는 독특한 오라 때문이었죠.
어떤 연유로 이런 공간을 기획하고 운영하게 되었나요?

무아치가 있는 두 채의 가옥을 처음 발견한 순간부터 마음을 빼앗겨 이 장소를 사무실로 먼저 쓰기 시작했습니다. 1958년 지을 당시 근대 가옥의 형태와 구조를 간직하고 있어 무아치 자체를 '오리지널 빈티지'라고 부를 수도 있겠네요. 아버지가 말하자면 1세대 컬렉터로 동서양 구분 없이 옛 물건을 수집하셨는데, 그런 영향 때문인지 저 또한 미국 시카고에서 유학할 때부터 미드센추리 mid-century 모던 빈티지 가구의 매력에 흠뻑 빠졌습니다. 특히 시카고는 빈티지 가구의 본고장이다 보니 자연스럽게 동서양의 문화를 흡수하게 된 것 같아요. 처음 이화마을을 방문했을 때부터 매력을 느꼈고, 제가 좋아하는 미드센추리 모던 빈티지 가구를 이런 좋은 장소에서 소개해보자는 단순한 생각에서 출발해 무아치를 선보이게 됐습니다. 요즘은 포화 상태라고 해도 좋을 만큼 미드센추리 모던 빈티지 가구 숍이 많은데, 너무 식상한 공간에서 뻔한 물건을 판매하는 게 싫기도 했고요. 무아치 건물이 1950년대에 지어졌으니 한국의 미드센추리를 표상하기도 하고, 여러모로 적절해 보였어요.

무아치가 선별해 그 안에 들이는 물건도 의미가 있어 보이지만, 무아치의 공간으로
사용 중인 두 채의 집이 건네는 이야기가 굉장히 풍부하다는 생각이 듭니다.

이 집은 적산 가옥 형태를 띠고 있으나, 엄연히 한국인이 지은 한국의 주택입니다. 다만 일제강점기가 끝난 직후 건축적 지식이 풍부하지 않은 상태로 설계한 터라 일본 양식을 취했을 뿐이지요. 굉장히 의미가 있고, 미래 문화유산이라고 불러도 좋아요. 사실 무아치의 공간으로 사용하기엔 그리 용이하지 않은 구조인데, 앞으로 크게 손댈 생각은 없습니다. 10년 뒤에도 이 집을 가구 숍으로 쓸 것인지에 대해선 자신할 수 없지만, 계속 이 형태 그대로 보존해

야겠다는 사명감만큼은 확실해요.

한국의 미드센추리 가구라고 하면 마땅히 떠오르는 디자인이나 이미지가 없는 게 사실인데요, 무아치 안에 놓인 것들이 한국의 미드센추리를 대변한다고 봐도 무방할까요?

여기 있는 가구나 물건은 훨씬 더 오래된 것이 많아요. 신라나 가야 시대 토기와 백자, 조선 중기 시대에 제작한 반닫이 장과 소반 등 최소 몇백 년씩은 족히 묵은 것들이죠. 아버지 때부터 수집해온 것들이고, 저는 어릴 때부터 집에서 보고 자란 것들이라 다른 사람 집에도 모두 다 있는 줄 착각하기도 했습니다.(웃음) 그 가치에 대해 잘 알지 못하다가 미국 유학을 다녀온 뒤로 귀한 것을 볼 줄 아는 눈이 생겼고, 자부심도 생겼지요. 과거의 저처럼 옛날 것이라고 단순하게 치부하지 말고, 무아치를 통해 한국 빈티지의 미적 가치를 느꼈으면 합니다. 그러기 위해선 무아치가 전달자로서 이를 어떻게 잘 보여주느냐가 중요한 과제인 것 같아요.

무아치 안에는 물건이 빽빽하게 놓이지 않아 더욱더 동서양의 것이 자유롭게 어울리고, 이러한 풍경이 주는 여유가 더욱더 도드라져 보이는 것 같아요. 무아치에 두는 가구나 물건을 선별하는 데는 어떤 기준을 갖고 있나요?

일본과 중국에서는 자기 나라를 대표하는 고가구와 서양 가구를 믹스 매치해서 소개하는 경우가 많은데요, 한국에서는 저희 같은 시도를 하는 공간이 드물어요. 그러다 보니 사실 정답도 없고, 이 물건이 꼭 저 물건과 같이 있어야 한다는 룰도 없어요. 옛것과 새것, 동양 것과 서양 것을 경계 없이 놓고요. 근사치에 가까운 기준이 있다면 저희가 좋아해서 모으는 것들이라는 점인데요, 사실 처음 무아치를 시작할 때도 너무 복잡하게 생각하며 물건을 고르진 않았습니다. 남양주 창고에 그득하게 보관돼 있던 아버지의 유물 같은 수집품과 제 빈티지 가구 소장품을 섞어서 시작해보자 하는 정도였지요. 무아치를 위해 물건을 찾아 나섰기보다는 원래 가지고 있던 것을 무아치에 풀어놓은 것이라 이해하면 더 쉽습니다.

서울에서도 aA 디자인 뮤지엄이나 mk2, 모벨랩 등 1세대 빈티지 가구 전문 편집숍의 뒤를 이어서 현재 굉장히 다양한 형식으로 빈티지 가구를 소개하는 전문 숍이 등장하고 있어요. 이러한 환경에서 무아치는 어떤 공간이 되는 것을 목표로 하나요?

빈티지 가구가 유행하면서 많은 분이 찾는 상황이 반갑긴 합니다만, 저희 같은 숍을 운영하는 사람들이 어떤 목표를 세우는지가 더욱 중요해진 시기 같아요. 너도나도 잘 팔릴 것 같은 물건만 가져오면 결국 가격 경쟁밖에 되지 않고, 시장 전체가 무너질 수 있어요. 이럴 때일수록 무아치는 무아치만의 색깔을 계속 가꾸어나가려 합니다. 유행하는 물건, 잘 팔리는 물건을 들여오는 일보다 무아치라는 브랜드를 만드는 일에 보다 집중하려고요. 가령 지금 무아치 안에 있는 물건도 비주류예요. 출입구 가까이에 놓인 카타볼로스 Katavolos가 디자인한 흰 색상의 티-체어 T-chair나 다리가 5개 달린 임스 Eames 테이블, 국내에선 거의 소개되지 않은 이탈리아 디자이너 안토니오 볼페 Antonio Volpe의 흔들의자 등 세계적으로 구하기 힘든 것들이 태반입니다. 이러한 것들이 기존에 저희가 소장해온 아프리카의 빗장, 1960~1970년대에 사용하던 새장과 파리잡이 등 독특한 용도의 물건과 섞여 무아치만의 새로운 풍경을 만들어내고 있죠.

향후 무아치라는 브랜드를 잘 가꾸어나가는 일에 집중하고 싶다고 했는데,
이러한 무형의 가치를 유형의 숍에 어떻게 반영하나요?

전혀 새로운 조합인데 한번 시도해보고 싶은 마음이 들게 하는 이색 공간으로 거듭나고 싶어요. 이를 위해선 앞서 말한 것처럼 금속, 유리 같은 다양한 자재로 무아치만의 아이디어가 담긴 제품을 선보이는 것도 하나의 방법 같아요. 제가 제품 디자인을 전공하기도 했고, 최가철물점을 통해 제작 능력을 내재화할 수 있다는 것이 무아치의 강점이죠. 실제로 얼마 전 아프리카의 빗장을 판매한 적이 있는데요, 원래는 가면만 달린 것에 금속으로 다리를 디자인해 부착했는데 매장에 내놓은 다음 날 바로 팔렸어요. 실제 유럽에서 펜싱 선수가 사용하던 투구를 벽걸이 조명으로 고안한다거나, 제주도에서 한옥 문짝으로 쓰던 사오기나무에 다리를 제작해 책상으로 바꾸는 것 같은 시도가 무아치만의 색다른 전략이에요.

숍이라는 공간을 운영하는 입장에서, 제품 외적인 측면에서는 어떤 서비스를
제공하고 싶나요?

예약제 또한 하나의 서비스입니다. 특정한 시간에 무아치를 방문하려고 예약하는 과정 자체가 본인의 의지가 있어야 하는 일이잖아요. 그런 분들에겐 무아치뿐만 아니라 이화동이라는 동네를 최대한 즐길 수 있게 다양한 볼거리를 제공하려 합니다. 원래 상시 오픈하지 않는 쇳대박물관을 프라이빗하게 둘러보게 하거나 동네 역사나 산책 코스를 안내하기도 하고요. 그리고 무아치 안에서는 갤러리처럼 마음이 가라앉는 잔잔한 음원을 배경음악으로 틀어 집중해서 볼 수 있도록 배려하죠. 간혹 무아치에 어떤 향을 피워둔 거냐고 묻는 분들이 있는데, 따로 향을 피우진 않아요. 오래된 집에서 나는 특유의 나무 냄새 같은데, 그런 세월이 주는 향조차 고객 입장에선 색다른 경험처럼 느끼더라고요. 그간 접해보지 않아서 이와 같은 신선함의 농도를 더욱더 짙게 느끼는 것 같아요. 무아치에 머무르는 시간만큼은 무아치를 비롯해 이화동의 문화를 특별하게 기억할 수 있도록 노력하고 있습니다.

Impression

"무아치의 베이스가 한국적인 물건에 있기는 하나, 그렇다고 우리 것만 고집하지는 않으려 해요. 그렇다고 동서양의 것으로 이분화할 수도 없는, 무아치라는 이름의 의미 그대로 세계 각국의 물건을 경계 없이 놓으려 하고요."

혁신과 장인 정신이 일군 증류주

ADDRESS Brunnenstraße 163, Berlin
WEBSITE d-s-m.com
INSTAGRAM @dsm_berlin
FOUNDED 2017년
PRODUCTS 증류주, 손 소독제

Deutsche Spirituosen Manufaktur

도이치 슈피리투오젠 마뉴팍투어

Korn
NL
Korn
VL
AWM
50
% vol
% vol

ARNOLD HOLSTEIN
arnold holstein
CE

도이치 슈피리투오젠 마뉴팍투어(이하 DSM)는 증류주에 대한 열정으로 가득 찬 창립자, 무한한 증류주 아이디어로 충만한 약사, 최고급 자연 재료 전문가, 증류 마이스터, 만들지 못하는 칵테일이 없는 바텐더, 이렇게 5명이 한 팀으로 똘똘 뭉쳐 독일 증류주계에 도전장을 내밀었다. 증류주에서는 잘 사용하지 않는 채소나 특정 계절을 연상케 하는 낙엽 등 독자적 향을 담은 증류주를 다채롭게 선보이며 증류주 시장에 새로운 획을 긋는 중이다. 2017년 문을 연 회사인데도 자체 개발한 증류주가 무려 115종이나 될 정도로 증류주에 대한 헌신이 대단하다. DSM의 매장은 용기에 담긴 증류주를 위해 어떤 노력을 기울이고 있는지를 전달하는 곳에 가깝다. 공간에 들어서면 얼핏 향수 전문 매장처럼 보이기도 하고, 약재를 달이는 한약방 또는 거대한 브루어리를 방문한 것 같기도 하다. 원재료를 직접 만지고, 증류하는 과정도 엿볼 수 있을 뿐 아니라 완성한 증류주를 시음할 수도 있다. 115종의 증류주를 일일이 확인할 수 있으니 숍에 들어와 술 한 병을 고르는 데까지 꽤 긴 시간이 걸린다. 이처럼 DSM의 숍은 투명하고 진실한 장소를 모티브로 꾸몄다. 단순히 술 한 병을 구입하는 리테일 숍이 아니라, 오랫동안 향을 즐기고 맛을 천천히 음미하는 경험을 선사하는 아주 특별한 증류주 제작소인 셈이다.

DEUTSCHE SPIRITUOSEN MANUFAKTUR
Deutsche
Korona Erdbeere
L160
Deutsche
Tulameen Himb
165

DEUTSCHE
SPIRITUOSEN
MANUFAKTUR
HANDCRAFTED
IN BERLIN
WE'RE
OPEN

TIM MÜLLER
팀 뮐러

도이치 슈피리투오젠 마뉴팍투어 대표

"우리만의 경험을 제품에 담아 진심으로 이야기합니다"

DSM을 운영하기 전에는 광고 회사에서 포토그래퍼로 일했다고 들었습니다.
갑자기 증류주 사업에 뛰어든 계기가 있을까요?

포토그래퍼 시절에는 1년 중 250일은 해외에서 생활할 정도로 일에 빠져 살았던 것 같아요. 10년째 일하다 보니 가족과 친구들과 멀어진 저 자신을 발견하게 됐죠. 2014년쯤 문득 일을 그만둬야겠다는 생각이 들었어요. 제게 중요한 건 포토그래퍼로서 커리어가 아닌 가족과 친구들이거든요. 당시 남아공에 잠시 머물렀는데, 와인 아카데미에 덜컥 등록했지요. 그곳에서 지금 저희 멤버 중 한 명인 약사 출신 콘라트 Konrad를 만났어요. 당시에도 그와 호흡이 잘 맞았습니다. 술에 관해서도 얘기가 잘 통했고요. 특히 둘 모두 증류주에 대한 관심이 많다는 공통점이 있었죠. 독일에서 증류주는 조금은 뻔한 전통주여서 좋아하는 친구가 많지 않았거든요. 그러니 더 자연스레 친해졌던 것 같아요. 서로 증류주에 대한 생각을 공유하다 보니, 증류주도 새로운 방향으로 전개할 수 있겠다는 확신이 들더군요. 이를테면 과일이 아닌, 가을 낙엽이나 채소, 꽃을 향의 원료로 사용하는 것이죠. 당시엔 그 누구도 그렇게 하지 않았으니 승산이 있겠다 싶었어요. 그렇게 DSM을 오픈했습니다.

고정관념을 깨는 건 쉽지 않습니다. 새로운 증류주를 소비자에게 설명하는 것도
만만치 않잖아요.

새로운 방식을 고객에게 알리는 것보다 저희만의 제작 과정을 확립하는 게 우선이었습니다. 모든 공정을 팀원이 공유할 뿐 아니라 전 과정에 팀원의 손길이 닿아 있습니다. 재료를 직접 수확하기도 하고, 오렌지 껍질을 벗기거나 채소를 손질하고, 증류 후에는 함께 병에 담아 포장하죠. 말 그대로 직원이 한 팀이 되어서 모든 걸 함께 하는 것이죠.

직원 전체가 모든 과정에 참여하다니 놀랍네요.

새로움을 전달하는 건 결코 오너 혼자만의 힘이 아닙니다. 모든 직원이 힘을 합쳐야만 새로움을 전달할 수 있어요. DSM을 방문하는 대부분의 손님은 증류주를 어떤 방식으로 제조하는지 잘 모릅니다. 기존의 증류 방식에 새로움을 더했다면, 그걸 이해하는 데는 더 오랜 시간이 필요할 거예요. 그렇기 때문에 전 직원이 모든 과정을 직접 진행해봐야 합니다. 저희가 충분히 이해할 수 있어야 그걸 경험하는 손님 또한 충분히 이해할 수 있으니까요.

여타 증류 공장과 다른 DSM만의 제조 과정을 좀 더 자세히 알고 싶습니다.

모든 제조 과정에 핸드 크래프트, 즉 수작업 공정이 들어갑니다. 앞서 언급한 것처럼 좋은 재

료를 직접 고르고, 테스트 과정을 거치고, 증류에 적합하도록 손질합니다. 무엇보다 '맛'에 신중을 기울이고 있죠. 블라인드 테스트를 1500번 이상 하거든요.

수작업으로 진행하는 것이 반드시 좋은 건 아닐 텐데요?

저희는 매번 블라인드 테스트를 통해 좋은 증류주를 선택하려고 노력합니다. 그러기 위해서 의도적으로 기계와 수작업으로 내린 증류주를 비교하는 작업을 하죠. 맛을 놓고 비교하면 항상 이기는 쪽은 수작업으로 진행한 증류주입니다. 그러니 매번 공들이는 작업을 할 수밖에 없죠. 여담이지만 저희가 가장 신뢰하는 맛 검수자는 최고의 재료만 구해오는 바이어 도리나 Dorina입니다. 그는 전혀 술을 못 마시는데, 그렇기에 가장 균형 잡힌 맛의 증류주를 택할 수 있죠.(웃음) 이런 까다로운 자체 블라인드 테스트를 거친 뒤에야 본격적인 증류 과정에 들어갑니다. 많은 증류 회사가 증류 과정이 아주 짧아요. 저희는 30~35L당 6시간 정도 증류합니다. 느린 증류 과정 덕분에 저희가 제조한 술은 목에서 부드럽게 넘어가죠. 증류 후에는 스테인리스스틸 소재 통에 이어 유리 소재 통, 마지막으로 나무통에서 최종 숙성 과정을 거칩니다. 이 과정 또한 생략하는 곳이 정말 많은데요, 저희는 이 과정을 가장 중요하게 여깁니다. 이때 비로소 완벽한 향이 형성되거든요.

얘기를 들으니 DSM의 증류주를 직접 경험하고 싶네요.

그런 마음을 일으키는 것이 저희 역할이자 숍의 기능입니다. 모든 손님이 최대한 다양한 증류주의 향과 맛을 경험해야만 자신에게 꼭 맞는 증류주를 고를 수 있으니, 숍에서 새로운 방식의 술을 알리기 위해 마음을 다하는 것이죠. 처음 저희가 DSM의 문을 열었을 때는 많은 분이 비판적 시선으로 저희를 바라봤습니다. 스토리텔링 마케팅을 통해 전략적으로 증류주를 팔려는 회사 정도로 본 것 같아요. 그런데요, 이 모든 걸 저희의 진실한 태도로 이겨냈습니다. 저희가 운영하는 숍을 방문해 증류주를 경험하고 나면 겉만 번지레한 증류 회사가 아니란 걸 알게 되는 것이죠.

이런 공정을 거쳐 나오는 증류주라면, 차를 마시는 것처럼 천천히 즐겨야 할 것 같습니다.

저희가 원하는 고객은 천천히 술을 즐길 수 있는 사람입니다. 향을 맡고, 아주 적은 양으로 음미하는 것이 저희 세일즈의 핵심입니다. 저희가 새로운 방식으로 증류주를 선보이는 것처럼 저희의 방식이 누군가에게 또 다른 창의력을 발휘하는 계기가 되었으면 좋겠어요. 실제로 고객 중 저희의 제작 방식에 영감을 얻어서 요리를 담는 접시에 향을 입히는 분도, 바닐라 아이스크림을 완전히 새로운 방법으로 만드는 시도를 하는 분도 계십니다.

매장 경험이 정말 중요하겠네요. 이곳에서 일하는 스태프는 어떤 분들인가요?

앞서 언급했듯이 제품 모두를 고객에게 직접 설명할 줄 알아야 하므로 아르바이트생을 고용하지 않습니다. 그래서 항상 저희 팀원 중 누군가가 나가서 손님을 맞이합니다. 모두가 판매 경험이 있는 건 아니지만, 모두가 저희 증류주에 대해 솔직하게 얘기할 준비가 되어 있거든요. 숍을 운영한 지 3년 차가 되다 보니 이제는 팀원마다 단골이 생겼고, 누가 매장 일을 보는지에 따라서 잘 팔리는 증류주도 달라집니다. 다들 자기가 좋아하는 증류주를 손님에게 추천하는 것 같아요.(웃음)

제품을 담는 용기부터 라벨, 다양한 세트 제품, 레시피 책 등의 디자인이 돋보입니다.

전 세계를 오가며 포토그래퍼로 일한 덕분에 디자이너 친구가 많습니다. 저희는 제품 디자인을 통일하기보다는 각 제품에 어울리는 개성 강한 디자인을 좋아하는데요, 뉴욕과 일본·남아공·스페인 등 전 세계의 개성 또렷한 디자이너에게 작업 의뢰를 하고 있습니다. 모두 각자의 관점으로 디자인에 대한 아이디어를 주기 때문에 좋은 결과를 얻는 것 같아요.

매장에서 손 소독제를 판매하는 걸 봤습니다.

아시아 시장 진출을 계획하고 있었습니다. 한데 팬데믹으로 모든 계획을 취소해야 했어요. 브랜드를 운영하는 입장에서 새로운 아이디어를 내야만 했습니다. 그때 저희 팀의 아이디어 뱅크인 콘라트가 손 소독제를 만들어보자고 제안했죠. 저희에겐 알코올과 용기 그리고 약사도 있잖아요. 그렇게 손 소독제를 만들었습니다. 시중에서 판매하는 싸구려 알코올이 아닌 증류주의 원료로 사용하는 알코올을 썼고, 라벤더와 로즈메리 그리고 오렌지 향을 첨가했죠. 다행인지 입소문이 퍼지기 시작했고 호텔이나 레스토랑, 최근에는 베를린시에 저희 손 소독제를 공급하고 있습니다.

재빠른 대응이 회사를 살렸네요. 앞으로는 어떤 계획을 하고 있나요?

DSM이란 이름에 브랜드의 목표가 담겨 있습니다. '도이치'는 독일에서 만들었다는 의미인데요, 독일에서 생산하는 제품 대부분이 그러한 것처럼 최고 품질과 프리미엄을 지향한다는 의지의 표명이죠. '슈피리투오젠'은 증류주의 복수형으로 새롭고 다양한 증류주를 만들겠다는 저희의 생각을, '마뉴팍투어'는 공장이라는 의미로 수공예의 가치를 고수하겠다는 집념을 담았습니다. 향후 이 같은 정신으로 도쿄와 서울, 뉴욕, 샌프란시스코, 파리 같은 패션과 문화의 도시에 진출할 계획을 품고 있습니다.

Impression

"이곳에서는 저희가 준비한 모든 증류주의 향과 맛을 직접 경험할 수 있어요. 덕분에 대부분의 손님은 최대한 오래 머물면서 다양한 증류주를 경험하곤 합니다. 저희는 손님의 시간을 빼앗지 않고 기다려주는 편입니다."

제작부터 판매까지 올인원 플랫폼

ADDRESS 400 Gate Five Rd.,Sausalito, CA
7525 Beverly Blvd., Los Angeles, CA
WEBSITE heathceramics.com
INSTAGRAM @heathceramics
FOUNDED 1948년(Sausalito), 2008년(Los Angeles)
PRODUCTS 도자기, 생활 소품

Heath Ceramics

히스 세라믹스

히스 세라믹스는 1948년 유명 공예가 에디스 히스 Edith Heath가 캘리포니아에 설립한 뿌리 깊은 도자기 회사다. 그는 정상보다 낮은 온도에서 그릇을 단일 가마로 구워내는 방법을 연구해 내구성 뛰어난 제품을 만들어냈고, 그렇게 구운 그의 식기는 독특한 점토와 유약으로 당시 엄청난 인기를 끌었다. 그 후 1990년까지 히스 세라믹스는 유명 백화점, 음식점 등에 식기를 대량 공급하는 제작업체로 성공을 거두었다. 하지만 1990년대 이후 사람들의 취향도 바뀌고 값싼 대체품이 수입되면서 회사 운영이 힘들어졌고, 그가 사망하기 두 해 전인 2003년 유명 디자이너 캐서린 베일리 Catherine Bailey와 로빈 페트라빅 Robin Petravic이 히스 세라믹스를 인수했다. 회사를 인수한 캐서린과 로빈이 감행한 일은 대량생산을 중단하고, 히스 세라믹 자체에서 제작하는 물건을 소비자에게 직접 판매하는 B2C 방식의 도입이었다. 이것이 에디스 히스의 장인 정신을 올바르게 이어나갈 수 있는 방법이라고 판단한 것이다. 인수한 후 하나씩 오픈한 히스 세라믹스의 매장들은 쇼룸과 물건을 제작하는 공장이 결합한 스튜디오처럼 구성되어 있는데, 이런 구조도 공장에서 찍어내는 게 아니라 손으로 하나씩 제작한다는 것을 방문하는 소비자와 나누고 교감하기 위해서라고 한다.
캐서린은 “왜 같은 모델의 물건인데 모두 모양이 다른가요?”라는 질문에 일일이 대답하기보다는 그릇이 왜 다 같을 수 없는지 눈으로 직접 보고 느끼는 것이 브랜드를 이해하는 데 중요한 역할을 한다고 말한다.

CATHERINE BAILEY & ROBIN PETRAVIC
캐서린 베일리 & 로빈 페트라빅

히스 세라믹스 공동대표

“당신이 꿈꾸던 세상으로 잠시 도피해보세요”

(왼쪽부터) 캐서린 베일리, 로빈 페트라빅

히스 세라믹스를 어떤 키워드로 설명할 수 있을까요?

장인 정신(craftsmanship), 내구성(integrity), 역사성(historic), 상징성(iconic), 독창성(originality)이 저희 브랜드를 묘사할 수 있는 주요 키워드라고 생각합니다. 근래에는 여기에 지속가능성(sustainability)을 더했고요.

전통을 지닌 브랜드를 2003년 인수했습니다. 분명 새로운 비전을 담았을 것 같은데요, 어떤 변화에 초점을 두었나요?

1948년부터 이어온 에디스 히스의 열정과 예술적 창의성을 그대로 간직하되, 과거의 향수에 젖지 않고 요즘 트렌드를 반영하는 것에 초점을 두었습니다. 이를 위해 셰프와 디자이너, 그래픽 디자이너 등 다양한 분야의 인물과 협업을 진행하고 있고, 제품군도 리빙 영역을 벗어나 일상에서 사용하는 물건으로 확대하고 있어요. 저희와 결이 비슷한 다른 세라믹 작가나, 브랜드의 공예품과 물건도 숍에서 함께 소개하고 있고요. 무엇보다 가장 큰 변화는 도매 생산을 중단한 것인데요, 대량생산 방식을 포기하고 공장에서 직접 만들어낸 그릇을 중간 상인의 도움 없이 소비자에게 바로 전달하는 직접 판매(direct sales) 방식을 고집하고 있습니다.

캘리포니아 지역에만 숍을 운영하는 이유도 직접 판매와 연관이 있을까요?

저희 스튜디오 안에서 디자인·제작·유통·판매를 책임지고 있어요. 각각의 숍을 관리하는 것도 온전히 저희의 몫이죠. 모든 것을 자체적으로 관리하다 보니, 거리가 먼 지역에 숍을 두는 것이 쉽지 않습니다. 무엇보다 배송 시스템과 포장을 하지 않는 정책 때문에 도저히 멀리까지 물건을 제작해 보낼 수가 없습니다. 그러니 캘리포니아주 근교인 샌프란시스코, LA, 소살리토 Sausalito에서만 숍을 운영하고 있는 겁니다.

배송 시스템과 포장 방식에 대해 자세히 설명해줄 수 있나요?

일단 저희는 불필요한 쓰레기를 최소화하기 위해 물건을 일일이 포장하지 않습니다. 포장된 제품이 아니니 자연스레 항공 배송이 어렵습니다. 저희는 모든 제품을 자동차로 직접 매장으로 전달하고 있어요. 제품 대부분은 매장과 연결된 공장과 스튜디오에서 만들고 있죠. 이는 물건을 판매할 때도 동일하게 적용되는 지점입니다. 손님이 물건을 원할 때 포장된 물건을 쇼핑백에 담기보다는 재사용 가능한 에코 토트백에 조심스럽게 담아 건네고 있습니다. 사실 이런 비즈니스 모델을 유지하는 건 꽤 어려운 일입니다. 제약도 너무 많고요. 이를테면 저희는 숍에서 대량으로 물건을 판매할 수 없습니다. 양보다 질을 택한 것이죠.

<u>온라인 숍도 운영하고 있는데요, 배송이나 포장 방식에 차이가 있나요?</u>

온라인의 경우도 항공 배송을 하지 않기 때문에 지상으로 가능한 곳만 배송하고 있습니다. 트럭으로 그릇을 운송할 때에도, 비닐 포장지나 스티로폼 보호제는 피하고 재활용이 가능한 '엑스판도스 expandos' 보호제로 제품을 감쌀 뿐이죠.

<u>LA 지점을 둘러봤습니다. 이야기한 것처럼 숍과 작업 스튜디오가 붙어 있더군요.</u>

저희의 지점 모두 스튜디오와 공장, 숍이 함께 있습니다. 덕분에 진열된 물건을 만드는 과정을 손님이 직접 보고 체험할 수 있죠. 이 과정을 통해 히스 세라믹스와 고객 간 교감이 생긴다고 생각해요. 저희가 추구하는 철학이나 브랜드 스토리를 강요하는 게 아닌, 고객 스스로가 몸으로 습득하는 것이죠. 히스 세라믹스의 그릇은 모두 핸드메이드이기 때문에 모양이 일정치 않을 수 있습니다. 이런 완벽하지 않음의 아름다움을 고객에게 이해시키기 위해서는 작업 과정을 직접 눈으로 보여주는 숍의 형태가 이뤄져야 합니다. 코로나19 사태 이전에는 공장 견학 프로그램, 교육 이벤트 등을 많이 진행했는데, 팬데믹 이후엔 이런 프로그램을 진행하는 데 어려움을 겪고 있어서 브랜드를 운영하는 측면에선 아쉬움이 많아요.

<u>히스 세라믹스라는 브랜드를 이해하기 위해선 숍으로 직접 가야 하는군요.</u>

히스 세라믹스의 숍은 손님에게 특별한 상상을 주는 곳이면 좋겠다는 마음으로 매만진 공간입니다. 손님에게 그들이 생각하지 못한 새로운 영감을 주는 일이야말로 숍의 역할이라고 믿고 있거든요. 불과 몇 년 전만 해도 많은 숍이 자신의 물건을 강요하듯 팔곤 했습니다. 숍을 물건만 팔기 위한 공간처럼 여겼죠. 하지만 요즘의 숍은 어떤가요? 옷을 사러 매장에 가면서도 옷이 아닌 책을 사 오는 공간이 되었죠. 히스 세라믹스도 그와 비슷합니다. 저희가 매장에 신경 쓰는 가장 주요한 점은 '이야기'입니다. 저희가 상상한 이야기를 콘셉트로 매장을 디스플레이하죠. 손님이 저희 숍을 방문했을 때 가장 잘 보이는 앞쪽에는 항상 커다란 다이닝 테이블이 놓여 있습니다. 그곳은 다이닝 웨어와 커틀릿, 쿠킹 웨어뿐 아니라 책과 잡지, 캔들과 장식품으로 채워져 있는데요, 매 시즌 새로운 콘셉트로 변화를 주고 있습니다. 테이블을 세팅할 때는 어떤 사람들과 함께 나누는 특별한 시간을 담는 데 집중하고요. 곳곳에 놓인 물건을 상품으로 생각하기보다는 특별한 경험을 주는 물건으로 대했으면 좋겠습니다.

<u>세라믹 제품은 깨지기 쉬운데도 불구하고, 진열된 모든 물건을 자유롭게</u>

만질 수 있는 점도 흥미로웠습니다.

저희는 손님이 숍에서 충분히 생각하고 여러 감각으로 다양한 경험을 하길 원합니다. 그중에서도 '촉감'을 가장 중요하게 생각하죠. 또한 히스 세라믹스의 오랜 역사와 전통을 느끼도록 지금까지 출시한 도자기 시리즈를 연도별로 디스플레이해서 타임라인을 한눈에 볼 수 있도록 하고 있어요. 이는 저희 모든 숍을 관통하는 인테리어 키워드입니다.

앞서 언급했듯이 다양한 직종의 인물 혹은 브랜드와 협업을 진행하고 있습니다. 협업 대상자 선정 기준은 무엇인가요?

무조건 저희 마음에 들어야 해요. 히스 세라믹스가 진행한 협업이 마케팅 수단이 된 적은 한 번도 없습니다. 주로 서로가 배울 수 있는 것이 많은 경우에만 진행합니다. 저희가 상대 브랜드를 소개만 하는 기회도 많이 가졌고요. 주목할 만한 협업 제품은 2007년에 유명 셰프 앨리스 워터 Alice Water와 전개한 체즈 파니스 라인 Chez Panisse Line, 2011년에 패션 디자이너 나탈리 채닌 Natalie Chanin과 전개한 앨라배마 체인 컬렉션 Alabama Chain Collection, 그리고 지속적으로 협업하고 있는 그래픽디자인 컴퍼니 하우스 인더스트리스 House Industries와 전개한 세라믹 타일을 꼽을 수 있겠네요. 협업으로 생산한 제품을 단발성 이벤트처럼 소개하기보다는 히스 세라믹스의 제품 라인으로 계속 유지하는 편입니다.

코로나19로 숍에 변화가 생겼나요?

숍은 간소화됐고, 온라인 비즈니스가 굉장히 활발해졌습니다. 다른 방식으로 커뮤니티와 소통하며 새로운 이벤트를 많이 시도할 기회가 생긴 것이죠. 그런데 말이에요, 오히려 그러다 보니 온·오프라인 숍의 경계가 모호해졌습니다. 그래서 현재는 온라인과 오프라인 숍의 구분을 더 확실히 해야겠다는 결정을 내리는 중입니다. 그러지 않으면 오프라인 숍의 아이덴티티가 불분명해질 것 같은 두려운 느낌이 들거든요. 온라인은 온라인만의 플랫폼으로서 구축하되, 오프라인 매장은 더욱더 심플하게 전개할 예정입니다. 원래 의도대로 물건을 간단히 진열하고 공장과 스튜디오를 연결해서 도자기 제작 과정을 보여주고 체험하는 데 더욱 집중할 생각이에요. 그래야만 오프라인 숍의 순수함(purity)을 그대로 유지할 수 있다고 판단한 거죠. 아직도 배워야 할 것이 많지만, 오프라인 숍의 특별함을 이대로 지켜주고 싶은 마음이 우선입니다.

Impression

"손님이 포장되지 않은 물건을 직접 충분히 만지고 느껴보길 권합니다.
진열된 그릇이나 도자기와 손님들 손 사이에 어떤 방해물도 없길 바라는 거죠."

KEIT
카이트

베를리너의 건강한 한 끼

멋을 내지 않았지만 멋진 베이커리가 있다. 카이트는 빵의 형태나 메뉴도 새롭지 않지만 건강한 한 끼 식사로 빵을 다룬다는 점에서 트렌디한 베이커리와 차별화된다. 카이트는 빵의 지속 가능성에 대한 해답을 '순환'에 있다고 믿는다. 이를 위해 베를린 반경 100km 내에 위치한 소규모 유기농 농장에서 빵에 필요한 모든 재료를 공급받는다. 덕분에 카이트는 원재료의 품질을 보장받고 유통 비용을 절감할 뿐 아니라, 농가와 친밀한 관계를 장기적으로 유지할 수 있다. 잘 만든 빵이 삶에도 이롭다는 그들의 생각은 매장을 통해서도 엿볼 수 있다. 매장에서 눈길을 끄는 건 갓 구워낸 빵이 전부다. 음료나 특별한 디저트 메뉴도 없으며, 밀빵과 호밀빵, 잡곡빵 그리고 바게트가 메뉴의 전부다. 공간 또한 그들이 전개하는 메뉴와 동일하다. 특별한 장식 없이 오롯이 빵을 진열하는 데 집중한다. 멋지고 아름다운 베이커리가 아닌 베를리너의 한 끼 식사를 위해 만든 건강한 빵집이기 때문이다. 베를린에서 가장 대중적인 빵만 판매하는 것도 같은 이유다. 모든 빵에 대해 어디에서 왔는지, 어떤 공정으로 만들었는지 투명하게 공개하는 것도 카이트만의 매력. 덕분에 농장과 운송업체, 베이커리 직원, 심지어 고객 모두 카이트의 지속 가능한 철학을 공유하고 지지한다. 카이트가 "진정한 베를리너를 위한 빵집"이라 평가받는 이유다.

BERLIN

ADDRESS Grünberger Straße 75, Berlin
WEBSITE keit.berlin
INSTAGRAM @keit.berlin
FOUNDED 2019년
PRODUCTS 빵

KÜHN KERAMIK
퀸 케라미크

도자기에 담긴 위트

파리에 아스티에 드 빌라트가 있다면, 베를린엔 퀸 케라미크가 있다. 세라미스트 베른하르트 퀸 Bernhard Kühn이 전개하는 핸드 크래프트 세라믹 브랜드로, 줄곧 베를린에서 제품을 생산해왔다. 균일하지 않은 형태와 유약 발림, 오드리 헵번·앤디 워홀·이기 팝 등의 유명 인사나 해골·눈알처럼 조금은 괴기스러운 형상을 세라믹 표면에 새긴 것이 특징이다. 덕분에 퀸 케라미크의 커피 잔은 멀리서도 한눈에 들어온다. 도금한 손잡이와 아인슈타인의 얼굴이 그려진 세라믹 컵을 봤다면 퀸 케라미크 제품일 확률이 매우 높다. 퀸 케라미크의 숍이자 작업실은 130년의 오래된 건물에 입점해 있다. 높은 천장과 스투코, 진한 오일로 코팅해 반짝이는 원목 가구와 빼곡한 정리함이 시선을 끄는데, 이는 세라미스트가 운영하는 숍이기보다는 유럽의 옛 약국을 떠올리게 한다. 베른하르트 퀸이 부러 약국으로 사용하던 건물의 흔적을 지우지 않은 탓이다. 고풍스러운 약국에 해골이나 박쥐, 틀니 혹은 'bitch', 'poison' 같은 강렬한 이미지나 문구를 새긴 세라믹 작품이 이질적인 조화를 이룬다. 펑크 록과 바로크미술, 대중문화에서 영감을 받은 유머러스하고 아이코닉한 퀸 케라미크의 세라믹 작품이 소장욕을 자극하는 이유다. 이 기괴하고 독특한 풍경 앞에서 호기심이 일지 않는 이는 없을 것이다.

BERLIN

ADDRESS Yorckstraße 18, Berlin
WEBSITE kuehn-keramik.com
INSTAGRAM @kuehnkeramik
FOUNDED 1993년
PRODUCTS 세라믹, 유리공예품, 잡화

KEIT

ROOMS
FOR RENT

RTH SHOP
아르티에이치 숍

토착민의 고유한 예술성

가죽 공장에서 일하던 멕시코 이민자의 아들로 자란 르네 올긴 René Holguin은 카우보이의 고향 텍사스 출신이다. 랄프 로렌 Ralph Lauren과 제이 크루 J.Crew 등의 브랜드를 거치며 동부식 프레피 스타일을 연마한 후 마침내 LA에서 자신의 브랜드를 론칭하게 된 그는 다양한 지역의 개성을 컬렉션에 모두 녹여 독특한 공간을 운영하고 있다. 2007년 처음 문을 연 매장은 원래 점포 한 칸 규모였는데, 2013년에 바로 옆 상점 자리까지 확장해 공간이 미로처럼 이어진다. 르네 올긴은 세계의 다양한 원주민 문화에서 영감을 받아 미국 남서부 지역의 전통적 스타일을 재해석한 컬렉션을 만든다. 그가 표현하려는 원주민 문화는 미국의 네이티브 아메리칸, 남미 이주자, 아시안에 이르기까지 어떤 지역이든 상관없이 토착민이 지닌 고유한 예술성에 관한 것인데, 미국의 남서부는 르네 올긴 같은 멕시코 이민자뿐 아니라 각지에서 모인 이민자의 문화와 다양성이 가장 짙게 뿌리내린 지역이다. 이렇듯 아르티에이치 숍은 이국적이라 불릴만한 모든 요소를 갖추었다. 2020년 12월, 팜스프링스로 매장을 옮겼지만, 토착민의 고유한 예술성을 담은 옷과 공예품·도자기·골동품 컬렉션이 주는 분위기 만큼은 여전하다.

LA

ADDRESS 537 North La Cienega Blvd., West Hollywood, Los Angeles, CA
WEBSITE rthshop.com
INSTAGRAM @rthshop
FOUNDED 2007년
PRODUCTS 의류, 가방, 주얼리, 리빙 소품

EATH LIBRARY
이스 라이브러리

모던 한국 뷰티의 독보적 입지

이스 라이브러리는 한옥과 예스러운 골목길을 포함해 가장 한국적 풍경을 간직한 소격동의 지역성에 의도적으로 기대어 있다. 여행지에서 우연히 찾게 된 장소가 때때로 도시, 나아가 여행에 관한 기억을 통째로 뒤바꿔놓는 것처럼 국립현대미술관 서울관과 블루보틀 Blue Bottle 삼청 카페를 지나 모퉁이 골목길로 들어서는 여정은 브랜드는 물론, 서울이라는 도시까지도 인상적으로 기억하게 만든다. 이곳은 국제갤러리 리뉴얼 작업과 국립경주박물관 신라역사관 환경 개선 작업 등에 참여하면서 전통과 지역성의 가치를 현대적으로 옮기는 일에 남다른 사명을 가져온 '태오양 스튜디오'에서 2018년 론칭한 한방 화장품 브랜드이자 쇼룸이다. 태오양 스튜디오를 이끄는 양태오 디자이너는 불면증으로 고생하다 홍삼, 녹용, 숙지황 등으로 만든 차를 음용하면서 숙면을 취하고 피부 톤이 맑아지는 경험을 했다. 이에 그는 한의사 장동훈과 파트너십을 맺고, 차보다 가용 범위가 넓은 한방 화장품을 직접 만들었다. 양태오 디자이너는 이스 라이브러리가 결과물이 아닌, 하나의 도구로서 소격동이라는 지역성과 한방이라는 고유의 자산을 알리는 데 초점이 맞춰져 있다고 말한다. 작은 한옥 별채에 와 있는 듯한 느낌이 드는 공간에 들어서면 작은 소반 위에 놓인 차와 약과가 제공된다. 장인이 붉은 소나무로 만든 장, 화장품 성분이자 약재가 놓인 쇼케이스, 매장에서 반복 재생되는 뮤지션 택 Taek이 만든 음악과 감각적 영상, 커다란 창 너머로 액자처럼 담기는 소격동 풍경 등 무엇 하나 허투루 놓인 것이 없다. 오감을 환하게 열어젖히는 이곳의 환경은 제품에 대한 호기심은 물론, 피부뿐만 아니라 라이프스타일까지도 유려하게 바꾸고 싶다는 의지를 품게 한다.

SEOUL

ADDRESS 서울특별시 종로구 삼청로2길 31
WEBSITE eathlibrary.com
INSTAGRAM @eathlibrary_official
FOUNDED 2018년
PRODUCTS 스킨케어 제품

RTH SHOP

EATH LIBRARY

ELDER STATESMAN
엘더 스테이츠먼

햇살을 품은 캐시미어 의류

캐시미어 털실 뭉치 같은 수염과 볼드한 형태의 안경이 시그너처 스타일인 엘더 스테이츠먼의 오너 그레그 체이트 Greg Chait는 원래 엔터테인먼트 기획사의 음악 프로듀서였는데, 친구들과 함께 패션 브랜드를 시작하면서 패션 신에 입성했다. 그의 표현에 따르면, 어쩌다 디자이너가 된 것이다. 하지만 홀로 독립해 고급 캐시미어 의류와 카펫을 전개하는 브랜드 엘더 스테이츠먼을 시작한 뒤로, 그는 줄곧 LA 패션 신에서 자신의 업적을 쌓는 영향력 있는 디자이너로 성장했다. 이유는 분명하다. 모든 의류와 제품을 최고급 원사의 캐시미어를 사용해 수작업으로 염색하고, 기하학적이면서 자연 형상을 닮은 독특한 '패턴 플레이'를 통해 세상에 단 한 벌뿐인 캐시미어 옷을 선보이기 때문이다. 이처럼 엘더 스테이츠먼의 옷은 두툼한 캐시미어 소재일지라도 스타일은 캘리포니아의 따사로운 햇빛을 받고 성장한 어른의 느긋함과 위트가 담겨 있다. 동일한 패턴도 스타일도 없다시피 하니, 패션업계가 엘더 스테이츠먼에 눈길을 줄 수밖에 없다. 엘더 스테이츠먼의 정식 오프라인 숍이 생긴 건 2014년. 웨스트할리우드 한복판에 문을 연 이 숍은 누군가의 아담한 집처럼 보인다. 애리조나에서 어린 시절을 보낸 후 줄곧 LA에서만 살아온 그는 자신의 추억 속 친숙한 풍경 그대로 선인장으로 채운 정원을 조성하고, 건물 전체의 문틀과 창틀 등의 프레임과 바닥재를 모두 원목으로 만들어 나른하고 평화로운 미국 남서부의 주택을 연상케 하는 공간을 구현해냈다.

LA

ADDRESS 607 Huntley Drive, West Hollywood, Los Angeles, CA
WEBSITE elder-statesman.com
INSTAGRAM @theelderstatesman
FOUNDED 2007년
PRODUCTS 캐시미어 의류

HAKUJITSU
하쿠지쓰

앤티크와 현대 작품의 큐레이션

접근성 면에서 볼 때 하쿠지쓰(우리말로 '백일 白日'이라는 뜻)는 조금 까다로운 숍이다. 한산한 골목길 안 낡은 빌딩 2층에 위치하지만, 외부에선 간판이 없어 찾기가 쉽지 않다. SNS 시대에 내부는 사진 촬영 금지다. 당연한 것을 허물어뜨리면서 그 당연하던 것에 과감히 의문을 제기한다. 빛나는 감각으로 공들여 채집한 골동품과 현대 작가의 작품이 이곳에서 남다른 존재감을 발휘하는 이유다. 하쿠지쓰는 숍 이름에 브랜드가 말하고자 하는 모든 게 담겨 있다. '숨어 있는 것을 공개한다'라는 의미의 일본어 표현처럼 정성 들여 수집한 골동품과 현대 작가의 테이블웨어, 리빙, 예술 작품을 소개한다. 시간의 흔적이 쌓여 있는 듯 묘한 분위기를 풍기는 공간은 오래된 건물이 주는 안정감과 낮은 조도로 인해 물건 하나하나에 더욱 집중할 수 있게 한다. 새것과 낡은 것의 울타리 없이 이 세상의 매력 있는 것을 모두 취급하는 게 이곳의 모토이자 특징. "스스로 모아온 것은 자기 자신과 같다고 생각합니다. 모은 것을 보여주는 것은 어쩌면 사람들 앞에서 발가벗는 것과 같을지 모릅니다." 오너 니시자카 고이치 Kouichi Nishizaka에게 취향은 부단한 노력과 애정으로 길러낸 자신만의 귀중한 컬렉션 그 자체일 터. 손님 대부분이 이곳의 마니아임을 자처하는 숍에서는 단지 마음에 드는 그릇이나 꽃병을 발견하기 이전에 아름다운 것을 바라보는 시선과 큐레이션한 것들이 빚어내는 오라를 배운다. 그것은 세상을 바라보는 미감을 키우는 방법이기도 하다. "무엇보다 긴장과 완화 사이의 차이를 느끼는 경험을 했으면 합니다. 젊은 사람들이 자신만의 눈으로 그릇을 고르면서 새로운 세계를 발견했으면 해요."

TOKYO

ADDRESS 1 chome-24-1, Yanagibashi, Taito-Ku, Tokyo
INSTAGRAM @hakujitu_
FOUNDED 2016년
PRODUCTS 디자인, 앤티크 제품

ELDER STATESMAN

KKOTSSUL
꽃술

동시대 한국 생활 디자인을 목도할 수 있는 디자인 바

원효로의 오래된 주택을 개조한 꽃술에 들어서면 천장에서부터 길게 늘어뜨린 샹들리에가 눈에 들어온다. 시선은 점차 컬러풀한 창문, 바닥에 놓인 스툴, 테라초 계단을 따라 바쁘게 움직인다. 감각적인 디자인 연회장 같은 분위기의 꽃술은 '디자인 바'라는 전에 없던 정체성을 스스로에게 부여한다. 아직 산업이라 불리기엔 어려우나 무서운 성장세를 보이고 있는 가구와 소품을 필두로 한 한국 생활 디자인 제품 전반을 소개하고, 제작자들이 서로 네트워킹하면서 새로운 창작 작업까지 이어나갈 수 있도록 하는 것이 목표다. 디자인과 더불어 매개로 삼은 것은 한국의 술이다. 약주, 세시주, 증류주를 비롯해 칵테일, 브랜디, 와인 등 소규모 양조장에서 제조한 우리 술을 쉽게 접할 수 없는 오브제에 둘러싸인 채 즐길 수 있다. 꽃술에 놓인 가구와 생활 소품, 계단, 식물, 심지어 문고리마저도 창작자가 존재하는 오리지널 디자인 제품으로, 원한다면 모두 구매 가능하다. 꽃술의 인스타그램 소개 글에 적힌 "집 빼고 다 판다(We sell everything but the shack)"는 이런 의미다. 여기까지는 편집숍이나 쇼룸의 개념과 특별히 다를 게 없어 보이지만, 꽃술은 여기서 한발 더 나아가 인테리어 공사 시작 단계부터 여러 창작자가 참여해 이곳을 다 같이 완성하는 능동적인 방식으로 접근했다. 꽃술이라는 공간 전체를 로컬 크리에이터들이 만든 하나의 유용한 툴로 활용한 것이다. 전반적 공간 설계는 '맙소사'의 김병국 소장이 맡았고, 스툴 365 프로젝트로 잘 알려진 디자인 스튜디오 '제로랩 Zerolab', 콘크리트를 연구 재료로 활용하는 '랩.크리트 Lab.Crete' 등이 꽃술에 놓인 다채로운 기물과 가구를 제작했다.

SEOUL

ADDRESS 서울특별시 용산구 원효로77길 33
WEBSITE kkotssul.com
INSTAGRAM @kkotssul
FOUNDED 2019년
PRODUCTS 디자인 가구 및 생활 소품, 한국 술

BRAND

브랜드의 오프라인 매장은 철학과 미학을 담는 그릇이자, 혁신을 도모하는 실험실이며, 소비자와의 접점을 찾고 소통하는 아지트로 기능한다. 매거진 <B>가 소개한 대부분의 브랜드 또한 오프라인 매장을 전략적 기지로 영리하게 활용해왔다. 지금 소개하는 브랜드는 규모와 업종은 서로 다르지만, 브랜드가 앞으로 도모하려는 것을 오프라인 매장을 통해 지속적으로 검증하며 자신만의 '로드맵'을 공간에 이식한다는 점에서 일맥상통한다.

브랜드의 철학과 혁신을 실험하는 장
프라이탁 Freitag

—

브랜드의 충성 고객을 만드는 아지트
라파 Rapha

—

브랜드 미학의 정수
이솝 Aēsop

—

부티크에서 카페, 카페에서 호텔로 진화하는 유기체
메종 키츠네 Maison Kitsuné

—

미디어와 오프라인의 접점
모노클 Monocle

—

가변적으로 변화하는 서브컬처의 모태
반스 Vans

—

변화한 라이프스타일에 대응하는 도심형 매장
이케아 Ikea

—

거점을 확대해 어디에든 존재하기
무인양품 Muji

—

And more

조던 Jordan
골든구스 Golden Goose
디앤디파트먼트 D&Department
라이카 Leica
룰루레몬 Lululemon
아마존 북스 Amazon Books
인텔리젠시아 Intelligentsia
불리1803 Buly 1803
데우스 엑스 마키나 Deus Ex Machina
아워레거시 Our Legacy
트랙스미스 Tracksmith

FREITAG

프라이탁 — 브랜드의 철학과 혁신을 실험하는 장

"이 가방은 연한 파란색으로도 나오나요?", "더 화려한 버전도 있나요?" 우리는 단 하루도 고객에게 이런 말을 듣지 않은 날이 없었습니다. 그래서 고객이 직접 가방을 만들 수 있는 매장을 취리히 그륀가세에 열었습니다. 이제 고객은 단순히 가방을 찾는 것뿐 아니라 직접 디자인할 수 있습니다. 동네 상점이 소규모 공장이 된 셈이죠."

코르신 잔 Corsin Zarn, 프라이탁 랩 공간 디자이너(공식 홈페이지 소개 글 중)

1993년에 설립된 프라이탁은 1년에 약 40만 개의 가방을 생산한다. 곧 30년이 되어가는 프라이탁이 설립 이후 이만큼의 생산량을 유지해왔다면, 현재까지 전 지구에 적어도 1200만 개의 프라이탁 가방이 있을 것이다. 이중 똑같은 제품은 하나도 없다. 이것이 '프라이탁'이라는 브랜드가 지닌 가치 중 하나인 희소성이다. 희소성은 사람들이 많이 원하지만 그것을 모두 가지지 못하는 상태를 말한다. 즉, 수요와 공급의 불균형에서 희소성이 생기는데, 일반적으로 희소성이 높은 상품은 그 제품 가치도 높다. 운송 트럭의 방수천 일부를 수거해 그중 일부분을 재활용하여 만든 프라이탁은 태생 자체가 이미 세상에서 유일함을 의미한다. 더 많은 사람이 프라이탁 가방을 가질수록 이 가방은 나만 갖는 제품이 되는 구조다. 프라이탁 가방이 비싼 가격에도 불구하고 꾸준히 팔리는 이유이기도 하다.

그동안 프라이탁의 매장은 스위스, 독일, 오스트리아, 뉴욕 등 입점한 도시에 적합한 느낌으로 디자인하되, 각 제품을 진열하는 디스플레이 규칙은 동일했다. 고객은 통일된 진열 매대에서 대조적으로 우연히 자신의 마음에 드는 가방을 고르면 되었다. 그럼에도 불구하고 사람들의 욕망은 끝이 없다. 지구에서 단 하나뿐인 가방을 매장에서 고르는 걸 넘어, 자신이 원하는 색깔과 패턴, 액세서리를 조합하여 직접 만들고자 하는 고객을 위해 프라이탁은 새로운 실험을 시작했다. 취리히 시내의 그륀가세 Grüngasse 매장을 '스웻 유어셀프 숍 Sweat-Yourself-Shop'이라 이름 짓고, 개인을 위한 주택을 짓는 것처럼 고객이 매장에서 자신만의 가방을 만들 수 있도록 했다. (스웻 유어셀프 숍은 한동안 F718 BUH 모델을 대상으로 예약 방문제로 진행하다가 현재는 새로운 DIY 가방 모델을 준비 중이다.)

재활용을 통한 희소성이란 프라이탁의 핵심 가치는 다른 리테일 전략에서도 엿볼 수 있다. 대표적인 사례가 스왑 S.W.A.P.(Shopping Without Any Payment)이다. 스왑은 데이팅 앱 틴더 Tinder처럼 서로의 프라이탁 가방을 매칭해준다. 서로가 마음에 들어하는 프라이탁 가방을 각각 물물 교환하는 방식으로, 별도 구매 비용 없이 각자 배송비만 부담하면 된다. 이처럼 한 번 프라이탁 제품을 샀던 사람은 스왑을 통해 다시 잠재적 판매자이자 구매자가 되기도, 스웻 유어셀프 숍에 들러 또 다른 나만의 가방을 만들 수도 있다. 무엇을 하든 프라이탁 생태계 안에서 희소성이란 가치를 지닌다. 모바일에서 무수한 선택지를 엄지손가락으로 넘겨봤다면, 오프라인 매장에서는 그 선택지가 어떻게 구현되는지 경험할 것이다.

"소유 개념에 대해 재고하려는 노력을 끊임없이 하고 있습니다. (중략) 프라이탁 내부엔 전 직원이 이용 가능한 가방 라이브러리가 있습니다. 프라이탁의 모든 가방 모델을 구비하고 있는데, 그중 하나를 대여해 주말여행이나 휴가 때 쓰고 다시 반납하는 시스템입니다. 그러니 직원 개인이 프라이탁 가방을 따로 살 필요가 없죠. 또 모든 프라이탁 매장에는 자전거가 비치되어 있는데 무료로 대여할 수 있어요. (중략) 이런 공유 프로그램에 대한 아이디어는 때론 기술이 필요하기도 하지만, 때론 아주 단순한 방법일 때도 있습니다."

다니엘 프라이탁 Daniel Freitag, 프라이탁 공동 창립자

에디터 손현 사진 제공 프라이탁

RAPHA

라파 — 브랜드의 충성 고객을 만드는 아지트

"저희가 선보이는 영상과 사진 캠페인은 단순한 마케팅 목적이 아닙니다. 사이클링이 얼마나 멋진 스포츠인지 전달하고, 사이클 컬처라는 큰 둥지 아래 사람들을 모이게 하기 위해서입니다. 만약 철저한 비즈니스 전략을 대입해 성공 요인을 찾는다면 라파가 하는 모든 일이 지금 당장 멈춰야 할 거예요. 외주 제작 시스템을 도입해 생산량을 높이며, 전 세계 도시에 리테일 매장을 오픈하는 것이 좀 더 효과적인 비즈니스 방식일 테니까요. 하지만 저희는 저희가 마련한 커뮤니티 공간인 라파 클럽하우스와 공식 웹사이트를 통해서만 제품을 판매합니다. 모두의 옷이 아닌 라이더를 위한 옷이기 때문이죠. 저희는 다른 브랜드와는 차원이 다른 열정과 신념을 실천하고 있습니다."

사이먼 모트람 Simon Mottram, 라파 창립자

라파의 물리적 공간은 클럽하우스가 전부다. 특정 집단의 사교 모임으로 운영되는 폐쇄성 짙은 클럽하우스와 달리 대중 모두가 편하게 이용할 수 있도록 리테일 매장을 겸한 오픈 커뮤니티형 공간이다. 사이클링 의류를 입은 라이더가 자신의 자전거를 매장 내 거치대에 걸고 새로운 제품을 살펴보거나 매장 내 카페에서 커피 한 잔 하며 멤버들과 라이딩에 대해 얘기를 나누는 모습을 떠올리면 된다.

라파의 첫 번째 클럽하우스가 런던 소호에 문을 연 건 2012년이다. 2020년 3월 기준 전 세계 도시에 21개의 클럽하우스가 운영되고 있다. 라파가 클럽하우스를 오픈할 때 생각하는 중요한 요인은 두 가지다. 하나는 클럽하우스에 얼마나 많은 손님을 유입시킬 수 있는가를 본다. 런던 소호 한복판에 위치한 클럽하우스가 대표적인 경우다. 다른 하나는 사이클리스트가 얼마나 편하게 라이딩 할 수 있는가를 본다. 도쿄와 서울에 위치한 클럽하우스가 이에 속한다. 중심 도로에선 살짝 벗어나 있지만, 근교에 대표적 라이딩 코스가 있다. 클럽하우스의 주요 고객은 라파의 멤버십 프로그램인 라파 사이클링 클럽(이하 RCC) 멤버들이다. 이들은 매주 클럽하우스에 모여 라파가 주최하는 사이클링 관련 세미나와 정기 라이딩에 참여할 뿐 아니라, RCC 전용 제품을 구매할 수 있는 혜택을 받는다. 클럽하우스는 RCC 멤버의 아지트이자 피드 존 feed zone인 셈이다. 단지 제품이 예뻐서, 커피 맛이 좋아서 방문한 소비자 또한 클럽하우스에서 사이클링 의류를 입은 사람들을 통해 활기를 느끼다 보니, 자연스레 사이클 컬처에 관심을 갖게 된다. 라파의 클럽하우스는 브랜드 오프라인 매장을 커뮤니티의 장으로 만들고 싶은 스포츠웨어 브랜드의 염원을 잘 보여주는 성공 사례이다.

에디터 서재우 포토그래퍼 미나기시 신지

AĒSOP

이솝 — 브랜드 미학의 정수

"수년 동안 이솝은 매장 디자인에 있어 독특한 건축적 비전을 제시해 줄 사람들을 찾아왔습니다. (중략) 저희는 새로 함께 작업하게 된 외부 건축가를 기존 이솝 매장에 초대합니다: 그들은 이솝의 공간을 낯선(naïfs) 시선으로 봐야 할 필요가 있어요. 이렇게 함으로써 고객의 역할을 이해하고, 설계 디자인 과정 전반에 이를 염두에 둘 수가 있습니다. 그리고 건축가들에게 이솝의 일을 알고 영감을 받게 하는 몇 가지 중요한 글을 모은 셀렉션을 전달합니다: 페터 줌토르 Peter Zumthor의 <분위기>, 가스통 바슐라르 Gaston Bachelar의 <공간의 시학>, 다니자키 준이치로 Jun'ichirō Tanizaki의 <음예예찬>. 이러한 텍스트는 이솝이 본질적이고 이상적이라고 생각하는 것들이 무엇인지를 알려줍니다."

<더 북(The Book)>, 171p, 'With our Architects' 중

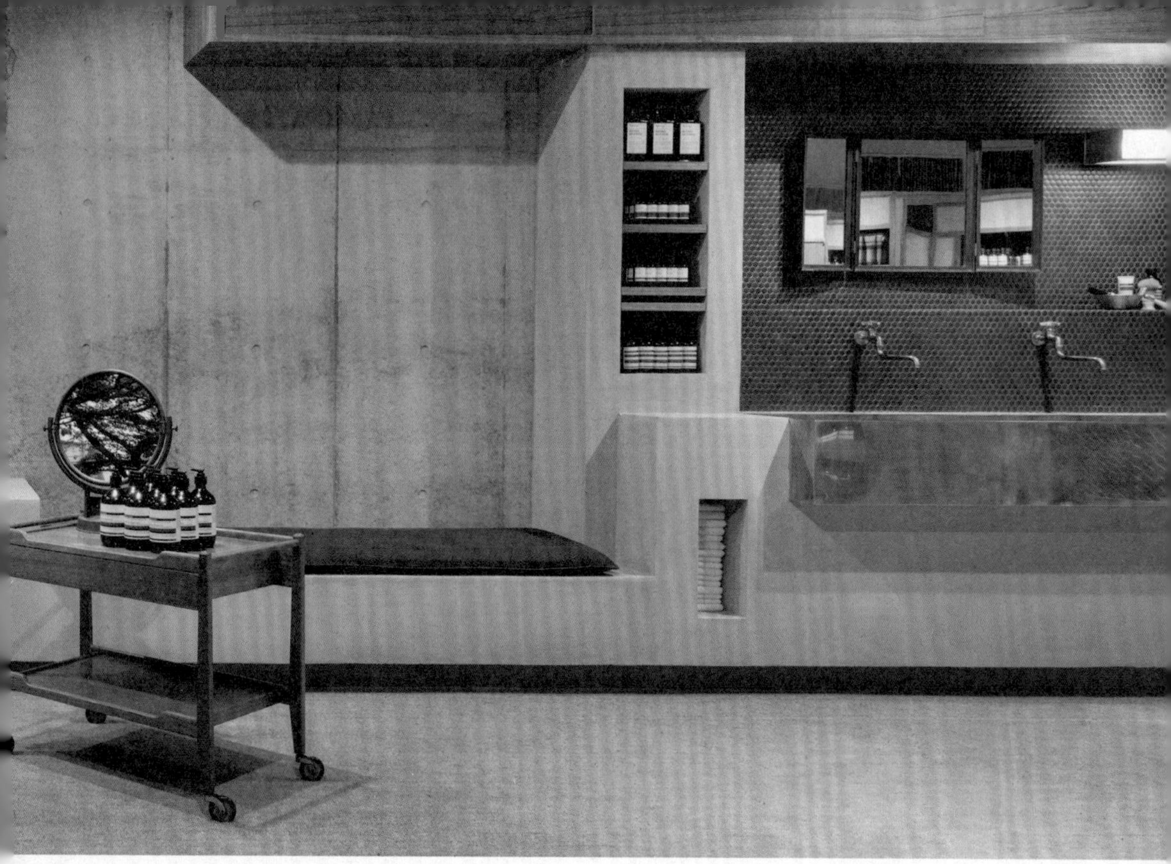

이솝은 독자적인 방식으로 리테일 공간 포트폴리오를 축적해온 스킨케어 브랜드다. 긴 시간 리테일 공간이 물건을 판매하는 장소로서의 기능뿐만 아니라 지역의 역사와 문화, 브랜드가 추구하는 가치를 명확하게 담을 수 있는 그릇으로 활용될 수 있다는 존재 가치를 증명해왔다.

이솝의 창립자인 데니스 파피티스 Dennis Paphitis는 "이솝이 영혼 없는 체인점이 되는 일이 끔찍하다"고 말한 바 있다. 전통적인 뷰티 브랜드들이 세계 어딜 가더라도 일관되게 매장을 디자인해온 행보와 다르게 이솝은 각각의 매장이 같은 디자인 언어로 읽히되 별개의 영혼이 깃든 개별적 장소처럼 보이는 일에 주력해왔다. 교토에 자리한 이솝의 매장이 브루클린과 시드니에 있는 매장과 완전히 다른 모습인 이유다.

흥미로운 지점은 리테일 공간에 대한 이솝의 고집스러운 태도다. 이솝은 리테일 공간을 구현하는 재질이나 색감 등에는 열린 태도 일지언정 디자인을 통해 공동체의 역사를 전달해야 한다는 관점이나 언제나 이솝의 공간에 은은한 향과 편안한 음악, 섬세한 카운슬링 서비스가 동반되어야 한다는 면에서 흔들림이 없다. 이솝에게 있어 각각의 매장은 균일한 브랜드의 품질과 수준을 확인할 수 있는 시각적 포트폴리오인 동시에 소비자에게는 브랜드의 철학을 이해할 수 있는 일종의 단서 역할을 한다. 이토록 뚜렷한 브랜드의 주관은 매장이 들어설 위치나 규모 등의 입지조건 또한 무색케 하는데, 단독 매장이 아니라 복합점포 형태의 공간에 입점할 때에도 공간을 향한 이솝의 기준치는 타협의 여지 없이 독립 매장을 디자인할 때와 일치한다.

가장 최근 문 연 이솝의 매장 중 하나로 요코

하마의 복합 상업시설인 뉴우먼 NEWoMan에 자리한 공간은 이솝의 오랜 동반자 중 하나인 건축 스튜디오 토라푸 아키텍츠 Torafu Architects가 완성한 것이다. 이 매장은 L자 형태의 부지에 일본 천연 염색을 연구하는 염색 스튜디오 부아이소우 Buaisou와 협력해 인디고로 염색한 나무판자로 파도의 부드러운 곡선 형태를 형상화했다는 특징이 있다. 복합 상업시설에 속해 있지만, 흐트러짐 없이 브랜드의 감도를 힘 있게 밀고 나갔다는 측면에서 더욱 눈길을 끈다. 홍콩 기반으로 주로 아시아 일대의 이솝 매장을 맡아온 Mlkk 스튜디오와 함께 작업한 한국의 도심 복합 공간 사운즈 한남 Sounds Hannam의 이솝 매장도 좋은 사례다. 이 매장의 주재료로 쓰인 붉은 벽돌은 사운즈 한남의 기존 건물에 사용된 잿빛 벽돌과 유사하면서도 색다른 변주로, 이솝과 나란히 사운즈 한남에 입점해 있는 서점과 카페, 꽃집, 안경원 등의 이웃 상가와도 부딪힘 없이 어우러지면서 이솝 특유의 인상을 완성한다.

"이솝의 경우, 각각 새 매장을 짓는 일은 기존의 미학을 강요하는 것도 아니고 그 지역의 미학을 무조건 받아들이겠다는 의미도 아닙니다. 그보다는 저희의 디자인 원칙과 지역 사회에 존재하는 진정 아름다운 것을 단단히 결합하는 것을 의미합니다. 우리는 우리와 같은 것을 갈망하고 배움에 대한 우리의 열망을 이해하는 지역 기관과 협력합니다. 그리고 언제나 우리의 이러한 관계에 감사합니다. "어떤 지역에서 성공하려면 그 지역에서 잘해야 하죠(To do well in neighborhood, do well by it)'"

<더 북(The Book)>, 175p, 'On Planting Neighbourhood' 중

에디터 김나래 사진 제공 이솝

MAISON KITSUNÉ

메종 키츠네 — 부티크에서 카페, 카페에서 호텔로 진화하는 유기체

"사람들은 늘 키츠네가 뭘 하는 곳인지 헷갈려 합니다. 그래서 자꾸 그냥 '패션 브랜드'라고 말하곤 하죠. 그편이 가장 설명하기도, 이해하기도 쉬우니까요. 메종 키츠네는 패션 브랜드이자 음악 레이블이고, 스토어와 카페를 운영하는 회사지만 조만간 호텔 브랜드라는 타이틀도 달게 될 겁니다. 한마디로 메종 키츠네는 저와 길다스가 사는 삶이고, 그 삶의 방식을 담는 라이프스타일 브랜드예요. (중략) 이건 둘이서 처음 뭔가를 시작하자고 했을 때부터 전부 계획한 것들입니다. 다만 그땐 정확하게 어떻게 해야 이걸 다 이룰 수 있는지 방법을 몰랐을 뿐이죠. 메종 키츠네는 작음 음악 레이블로 시작해 그때 계획한 일을 하나둘 실행에 옮기면서 아주 천천히, 느린 속도로 규모를 키워왔습니다. (중략) 길다스와 저는 하고자 하는 일을 해나갈 뿐이에요. 더이상 할 마음이 생기지 않으면 언제라도 회사 문을 닫으면 그만이에요. 굳어진 룰도, 정해둔 한계도 없다는 뜻입니다."

쿠로키 마사야 Masaya Kuroki, 메종 키츠네 공동 창립자

'메종 키츠네'는 패션 브랜드다. 하지만 그 이전에 70여 장이 넘는 앨범을 제작한 레코드 레이블 '키츠네'로 정식 출범했다. 2013년엔 도쿄 오모테산도에 브랜드의 바이브가 담긴 '카페 키츠네'를 처음 선보이면서 식음료 문화로까지 브랜드의 레퍼토리를 넓혀왔다.

카페 키츠네는 독립적인 사업성을 띠지만 한 편으로는 음료나 디저트 메뉴, BGM을 포함해 카페를 형성하는 매장 내 모든 세부적 요소에 키츠네 고유의 아이덴티티를 동일하게 이식한다. 메종 키츠네와 카페 키츠네가 하나의 뿌리에서 태어났다는 사실을 지속해 일깨우는 것이다. 카페 키츠네에서는 키츠네 레이블이 만든 카페 키츠네의 믹스 앨범을 들을 수 있고, 브랜드의 상징인 여우 그래픽이 새겨진 테이크아웃 잔에 담긴 커피와 여우 모양의 커피를 맛볼 수 있다. 카페 한 편에서는 스웨트 셔츠나 티셔츠, 아이폰 케이스, 볼펜, 컨버스백, 테이블 웨어 등 메종 키츠네의 컬렉션 라인보다 일상생활과 가깝게 닿아 있는 다양한 품목의 '카페 키츠네 컬렉션'을 선보인다. 이를 통해 카페 키츠네를 찾은 사람들이 한 공간 안에서 다양한 장르의 키츠네 프로젝트를 연동해 즐기도록 한다. 이러한 시너지는 지난 2019년 8월 파리 팔레 로열과 멀지 않은 위치에 새롭게 문 연 '카페 키츠네 루브르' 매장을 통해 더욱 강력해질 전망이다. 이곳은 카페이면서 바 겸 레스토랑인 비스트로 콘셉트다. 매일 오전 8시 30분부터 자정까지 쉬지 않고 여는, 이 공간에서는 일본식 '터치'가 가미된 도라야키dorayaki 팬케이크와 같은 간단한 스낵부터 버거나 후무스, 크로크무슈 등의 식사와 칵테일까지도 맛볼 수 있다. 한 사람의 일과를 대입해 가정한다면 아침부터 밤까지 메종 키츠네와 카페 키츠네를 통해 키츠네 브랜드를 경험할 수 있는 시간대가 더 넓어진 셈이다.

에디터 김나래 포토그래퍼 명민화 사진 제공 메종 키츠네

MONOCLE

모노클 — 미디어와 오프라인의 접점

"모노클 숍은 저희가 신뢰하는 브랜드들과 함께 일할 기회를 허락합니다. 또 단순히 저희가 발굴한 브랜드 제품을 전시하고 마는 것이 아니라, 그들의 상품을 <모노클> 독자의 성향에 맞게 편집하거나 새로운 형태로 선보입니다. 이러한 과정은 <모노클>이 독자를 잘 이해하고 있다는 점을 늘 상기시키고, 잡지를 통해 보여준 에디토리얼적 가치를 물성으로 경험할 수 있게 하죠. 또 모노클 숍의 경우 런던은 물론 홍콩·도쿄 등의 도시에 자리 잡고 있어서 기존 고객은 물론 전 세계 잠재고객까지 모노클 브랜드에 쉽게 접근할 수 있습니다."

앤더스 브라소 Anders Braso, 모노클 발행인

모노클 숍은 잡지 매체라는 무형의 콘텐츠가 어떻게 오프라인이라는 현실의 공간에서 자리잡히는지 보여주는 예다. 모노클 숍은 그간 만들어온 <모노클>의 최신호와 과월호 잡지들과 세계의 뛰어난 브랜드와 협업해서 만든 '모노클 숍'의 제품을 진열한다. 책 속의 콘텐츠가 어떻게 현실 세계의 물건으로 구현되는지 보여주는 셈이다. 이로써 모노클 숍을 찾은 사람들은 <모노클>이 제시하는 '라이프스타일' 자체를 구체적으로 상상할 수 있다. <모노클> 잡지가 청사진이라면 모노클 숍은 쇼룸 혹은 모델하우스인 셈이다.

모노클이 가진 핵심 정체성은 '글로벌'이다. 소개 문구에도 '글로벌 정세, 비즈니스, 문화, 디자인, 그리고 훨씬 많은 것들에 대한 브리핑'이라 명시되어 있다. 모노클이 런던 패딩턴에 만든 '키오스카페 KiosKafé'는 <모노클>의 글로벌 개념을 확장시킨 공간이다. 키오스카페에서는 세계의 잡지 150여종을 판매한다. 2500개 이상의 신문을 인쇄해서 구입할 수도 있다. 키오스카페에서 구입할 수 있는 매체에 실린 언어의 종류만 60개가 넘는다. 여기까지가 '키오스크'의 기능이라면, 맛있는 커피를 제공하는 '카페'의 기능도 있다. 키오스카페의 콘셉트를 이해하려면 유럽 대도시의 키오스크를 이해할 필요가 있다. 유럽 대도시 곳곳의 키오스크에서는 각종 잡지와 간단한 먹을거리를 판매한다. 모노클 키오스카페는 말하자면 모노클 방식의 키오스크 해석본이다. 엄격한 틀이 갖춰진 하이엔드 라이프스타일 매거진 모노클에 비하면 키오스카페는 캐주얼한 느낌이다. 그럼에도 전 세계의 신문과 잡지를 판매하니 모노클의 글로벌이라는 정체성은 공유해 어느 정도의 일관성을 확보한다.

에디터 박찬용 포토그래퍼 니코 반 데 기센(도쿄), 잭 리(런던)

VANS

반스 — 가변적으로 변화하는 서브컬처의 모태

"반스의 브랜드 문화와 대표 제품을 충분히 보여줄 수 있는 공간이 필요하며, 문화 중심지로서 역할 하는 유동인구가 잦은 도시야말로 브랜드 쇼케이스 스토어의 최적의 입지입니다. 서핑과 스케이트보딩의 시작점인 LA, 건축과 재즈의 도시인 시카고, 아시아 문화의 중심지인 서울, 유럽 문화의 선구 도시인 런던까지 브랜드 쇼케이스 스토어가 단 4곳에만 존재하는 이유입니다. 반스는 이 특화된 형태의 리테일 매장을 통해서 창의적인 로컬 커뮤니티와 파트너들과 함께 브랜드 문화를 새롭게 재조명하며, 반스가 지지하는 오프 더 월 정신을 고양하고자 합니다."

최진수 Jinsoo Choi, 반스 코리아 브랜드 마케팅 매니저

반스의 리테일 전략은 확고하다. 소비자에게 브랜드가 지지하는 문화를 전달하는 것. 2019년 11월 한국 서울 강남대로에 문을 연 전 세계 최대 규모인 리테일 매장을 '브랜드 쇼케이스 스토어'라 명명한 이유다. 반스 브랜드 쇼케이스 스토어는 제품을 선보이고 판매하는 역할 뿐 아니라, 브랜드의 역사와 그들이 앞세우는 문화에서 파생한 특정한 현상, 브랜드 정신에 동조하는 창작자의 작업을 지속해서 소개하는 갤러리로도 기능한다. 이는 특정 문화를 이해하는 소수의 집단을 위시해 만든 커뮤니티형 매장과는 달리, 대중 모두가 반스의 브랜드 정신인 '오프 더 월 Off the Wall'을 경험할 수 있도록 영감을 주는 크리에이티브형 매장에 가깝다.

1969년 남부 캘리포니아 에너하임의 뒷골목에서 시작한 반스는 액션 스포츠를 즐기는 이들이 보다 안전하고, 안정된 삶을 살 수 있도록 지속적으로 관련 제품을 만들고, 후원하며 그들의 정신이 깃든 문화를 전파하는 공간과 페스티벌을 개최하고 있다. 그 중 대표적인 이벤트가 액션 스포츠와 음악을 라이프스타일로 풀어내는 문화 이벤트 '하우스 오브 반스 House of Vans'다. 하우스 오브 반스는 단순 이벤트에서 벗어나 동명의 공간을 통해 점진적으로 선보이는 중인데, 이는 상공간과 문화의 결합을 시도한 반스의 도전이었다. 반스의 리테일 매장은 하우스 오브 반스가 그랬던 것처럼, 1970년대 젊은 세대의 문화가 동시대에서 어떤 문법으로 읽히는지를 지속적으로 테스트하는 장에 가깝다.

강남 브랜드 쇼케이스 스토어는 이러한 반스의 실험을 집대성한 공간이다. 가장 먼저 눈길을 사로잡는 건 '벽'이다. 오래된 스피커로 뒤덮인 설치 작품 <스피커 월>이 흥미롭다. 베를린에서 활동하는 설치 예술가 베누아 모브리 Benoit Maubery의 작업물로 음악

이 <스피커 월>을 통해 매장 공간에 퍼진다. 2층 계단으로 올라가는 벽면은 캘리포니아 출신의 한국계 그래픽 아티스트인 크립틱 Cryptik의 대형 아트워크로 채웠다. '진정한 영광은 실패하지 않는 게 아니라 넘어져도 다시 일어서는 데 있다'라는 공자의 격언을 고대 알파벳으로 새긴 작품이다.

총 2층, 약 300m² 규모인 강남 브랜드 쇼케이스 스토어의 특징은 매장에서 가장 많은 손님이 오가는 1층 공간을 갤러리로 활용한다는 점이다. 반스의 시작점과 1970년대 캘리포니아 문화를 한눈에 볼 수 있도록 당시에 촬영한 영상을 프로젝트 빔과 오래된 아날로그 방식의 텔레비전을 통해서 보여주고, 토니 알바 Tony Alva 같은 레전드 스케이트보더의 사진과 그들이 듣던 앨범을 반스를 상징하는 대표 모델과 함께 진열하고 실제로 판매한다. 뿐만 아니라 매장 입구에 라이브 DJ공연이 가능한 부스가 마련돼 있는데, 이 부스는 서울의 온라인 뮤직 라디오 방송인, 서울 커뮤니티 라디오(SCR)와 함께 활용한다. 2층은 기존 리테일 매장 형태를 갖추었지만, 반스 관련 서적과 음반으로 구성한 라이브러리를 마련해 심층적으로 브랜드를 이해할 수 있게 했다. 반스 제품을 원하는 대로 직접 커스텀할 수 있는 공간에서는 필요한 모든 재료를 무상으로 제공할 뿐 아니라 매주 다양한 아트 워크숍 프로그램을 운영한다. 갤러리와 라이브러리, 워크숍, 공연장 등 가변적으로 용도를 변경해 사용할 수 있는 이곳은 여느 갤러리와 콘서트장처럼 사람들을 문화적으로 불러모으는 곳으로 역할 한다.

에디터 서재우 포토그래퍼 윤미연

IKEA

이케아 — 변화한 라이프스타일에 대응하는 21세기형 매장

"이케아는 작년(2018년)에 처음으로 플래그십 스토어보다 도시 내 매장을 더 많이 열었습니다. 우리는 우리가 꿈꿀 수 있는 것이라면 무엇이든 시도합니다. 물리적으로 (고객들과) 만나는 공간에서 어떤 것들이 그들에게 통하는지 찾고 있는 중입니다."

예스페르 브로딘 Jesper Brodin, 잉카그룹 CEO(<파이낸셜 타임스 Financial Times>와의 인터뷰 중)

이케아의 매장 전략은 글로벌 브랜드가 그렇듯 전 세계적으로 일관적이었다. 시외의 고속도로변처럼 도심에서 조금 벗어난 지역에 아주 넓은 매장을 꾸린 후 다양한 종류의 물건을 합리적인 가격에 판매했다. 가격 경쟁력이 있는 좋은 물건이 많으니까 소비자는 불편을 감수했다.

이케아는 파리와 런던과 뉴욕의 시내에 매장을 내고 운영하고 있다. 모두 전 세계의 이목이 몰리는 대도시라는 점에서 심상치 않은 변화다. 파리에는 마들렌 성당 근처에 매장을 냈다. 런던에서는 시내 권역이라 할 만한 해머스미스 지역의 쇼핑몰을 이케아 매장 용도로 인수했다. 뉴욕에서도 시내권역이라 할 수 있는 맨해튼 섬 안에 매장을 열었다. 이케아 유통공간의 변화는 단순히 시내로 들어온 게 전부가 아니다. 이케아는 약 2년 전부터 플래닝 스튜디오라는 공간을 운영하고 있다. 이름처럼 이케아의 가구로 어떻게 공간을 꾸밀지 상담하는 곳이다. 온라인으로 미리 예약하면 전문가와 1:1로 상담해서 이케아 제품으로 자신의 공간을 어떻게 꾸밀지 생각할 수 있다. 런던의 토트넘 코트 로드와 뉴욕 맨해튼의 어퍼 이스트 사이드에 문을 열었고, 한국의 서울에도 강동구 천호동과 구로구 신도림동에서 운영한다. 이곳에서는 상담과 결제만 할 수 있고 제품 배송은 다른 곳에서 지원한다. 이케아의 서비스를 받기 위해 멀리 있는 매장에 갈 필요가 없어진 셈이다.

아마존 등의 전자상거래 전문 회사가 유통 전 영역을 위협하며, 이케아라고 안심할 수는 없다. 시내에서 보이는 이케아 간판은 이 사실을 받아들인 이케아의 대답이다.

에디터 박찬용 사진 제공 이케아

MUJI

무인양품 — 거점을 확대해 어디에든 존재하기

"무인양품은 '기분좋은 생활'을 지향합니다. 그런 기분 좋은 생활을 고민하다 보니 기분 좋은 사회가 무엇인지 생각하게 되고 나아가 그런 사회를 만드는 기분 좋은 인간이란 무엇인지에 대해 고민하게 되었습니다. 주택 사업도 그 일환이고요. 지금까지 일본에서 제공되어 온 주택에서 받은 느낌이 좋지 못했기에 무인양품이 생각하는 기분 좋은 생활을 제공하고 싶었을 뿐이죠."

카나이 마사아키 Masaaki Kanai, 양품계획 회장

무인양품은 한 브랜드 안에서 의식주에 관한 전 상품을 생산하고 판매한다. 그렇기 때문에 무인양품의 플래그십 매장은 커질 수밖에 없다. 2020년 12월에 오픈한 무인양품 도쿄 아리아케 점은 그 중에서도 주목할만한 규모다. 일상 생활 전부를 아우르는 도구는 물론 부분 리모델링과 전면 리노베이션 서비스, 실물 크기의 무지헛 모델하우스까지 한 매장 안에서 경험이 가능하다. 무인양품은 한국에서도 2020년 6월 강남역에 초대형 매장을 열었다. 4층 규모의 매장에서는 기존의 의식주를 포함 직접 만든 빵까지 판매한다.

무인양품은 이미 의식주의 틀이라 할 수 있는 집까지 판매하기 시작했다. 무인양품이 보여주는 집의 형태는 2020년 7월 현재 4개, 나무의 집, 창문의 집, 세로 집, 양의 집이다. 무인양품은 일본 전역 33개 도시에 각각의 집을 보여주는 모델하우스를 운영한다. 거기 더해 무인양품에서 만든 오두막을 판매하는 건 물론 도쿄, 베이징, 센젠에서 호텔까지 전개한다. 호텔의 거의 모든 가구와 어메니티는 무인양품이다.

브랜드 이미지와 철학을 바탕으로 주택시장까지 진출한 브랜드가 할 수 있는 다음 점포 전략은 무엇일까? 무인양품의 오프라인 전략을 요약하면 강력한 브랜드 이미지를 통한 거점 넓히기다. 무인양품은 최근 도시를 떠나 지역의 문화와 라이프스타일에 깊숙이 스며든 매장을 전개하고 있다. 대표적인 사례가 나오에쓰에 연 무인양품 매장이다. 해당 지역의 농산물과 특산물을 판매하고, 무인양품의 브랜드 철학과 맥락을 같이 하는 지역의 업장들이 무인양품의 자체 서비스와 함께 어우러져있다. 무인양품이 플랫폼 역할을 하며 여러 컨텐츠를 담을 수 있는 그릇이 되는 셈이다.

에디터 박찬용 사진 제공 무인양품

JORDAN
조던

농구의 황제라 불렸던 마이클 조던 Michael Jordan의
정신을 담아 만든 나이키의 농구 어패럴 및 슈즈 브랜드.

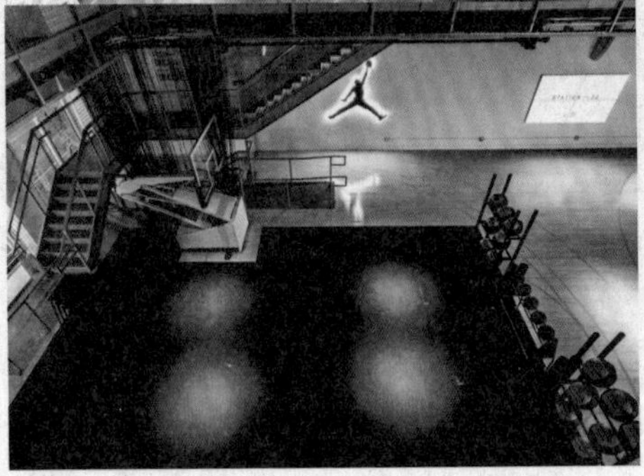

JORDAN, CHICAGO

미국의 신발 판매업체인 풋액션 Footaction과 파트너십을 맺고 문을 연 매장으로 조던의 문화를 경험할 수 있는 곳이다. 커스텀 제품 판매 뿐 아니라 농구 코트, 고강도 트레이닝 센터 등을 마련해 농구 유망주를 육성하며 농구 업계에 기여하는 역할까지 해내고 있다. 근처 고등학교 운동팀과 현지에서 활동하는 아마추어팀에게 트레이닝 세션을 제공하고 있기도 하다.

32 S. State St., Chicago, IL

GOLDEN GOOSE
골든구스

2000년 이탈리아 베니스에서 탄생한 패션 브랜드.
전통적인 제작 방식을 보존하면서 현대적인 기법으로
활용하며 모든 제품이 이탈리아 장인들의 손끝에서
만들어진다.

FLAG/MI GOLDEN GOOSE, MILANO

베니스 장인들의 제조 방식을 리테일 매장에 접목시킨 공간으로 골든구스 특유의 장인정신과 제조 과정을 엿볼 수 있는 곳이다. '더 랩 THE LAB'이라는 테마 아래 운영되는 이곳은 개발 연구소의 실험실 모습을 연상케하며 골드구스만의 정체성을 드러내고 있다. 골든구스 장인이 제공하는 1:1 경험으로 자신만의 이야기를 담은 세상에 단 하나뿐인 스니커즈를 만들 수 있다.

Via Cusani 2, Milano

D&DEPARTMENT
디앤디파트먼트

'롱라이프 디자인 long life design', 긴 생명을 지닌 디자인이나 시대에 국한되지 않는 제품을 판매하는 상점. 사물 자체의 기능성과 디자인을 고려해 일본 전역 및 전 세계에서 수집한 생활 잡화와 가구를 판매하는 곳이다.

D&DEPARTMENT JEJU BY ARARIO, JEJU

디앤디파트먼트 제주는 국내 최초 매장인 디앤디파트먼트 서울점에서 선보이던 상점 외에 커뮤니티와의 소통과 창작 활동을 펼칠 수 있는 레지던스 'd news', 국내외 손님들을 위한 숙박시설 'd room', 제주 식문화에 초점을 둔 'd 식당'이 더해진 곳이다. 기존 서울점이 한국의 가치 있는 물건을 선보이는 것에 집중한 곳이라면 이곳은 제주 지역사회를 부흥시키는 데 집중한다. (주)아라리오와 함께 협업해 제주의 개성과 지역성을 알리는 프로젝트를 지원하고 있다.

제주 제주시 탑동로 2길

LEICA
라이카

1913년 세계 최초로 35mm 필름 카메라를 제작하면서 현대 카메라의 기준을 제시한 독일 카메라 브랜드.

LEICA CHEONGDAM, SEOUL

필름부터 디지털 모델까지 다양한 제품이 전시되고 판매되는 공간인 동시에 유수의 작품을 전시하는 사진 갤러리로 사용되기도 한다. 세계 최초로 라이카 서비스센터를 함께 운영하는 공간이며 사진에 관심있는 이들을 위한 아카데미 수업을 매주마다 진행하고 있다.

서울특별시 강남구 도산대로 420 청담스퀘어 B동 G층

LULULEMON
룰루레몬

1998년 밴쿠버에서 출범한 스포츠웨어 브랜드.
요가복을 중심으로 시작해 여러 커뮤니티 활동을 진행하며
고객과의 활발한 소통을 기반으로 성장하고 있다.

LULULEMON, CHICAGO

룰루레몬 매장 중 가장 큰 플래그십 매장. 요가, 고강도 인터벌 운동, 명상을 위한 세 곳의 스튜디오가 마련되어 있다. 이곳에서 수업을 듣는 게스트들은 비치된 운동복을 무료로 착용할 수 있다. 또한 룰루레몬 매장 최초로 레스토랑을 함께 운영하고 있어 각종 음료부터 와인, 칵테일까지 즐길 수 있는 곳이다.

944 West North Ave., Chicago, IL

AMAZON BOOKS
아마존 북스

글로벌 전자상거래 기업 아마존의 온라인 서점.
종이책부터 전자책까지 다양한 스펙트럼의 도서를
판매한다.

AMAZON BOOKS, SEATTLE

온라인 서점으로만 기능했던 아마존 북스의 최초 오프라인 서점. 시애틀을 시작으로 현재까지 17개의 오프라인 아마존 북스가 문을 열었다. 아마존 북스 시애틀은 온라인 사이트에 게시된 추천책 차트를 그대로 옮겨와 책을 진열하고 온라인과 동일한 가격으로 판매한다. 온·오프라인의 연계로 고객의 경험을 강화하는 곳이다.

4601 26th Ave NE, Seattle, WA

INTELLIGENTSIA

인텔리젠시아

블루 보틀 커피, 스텀프타운과 함께 미국 3대 커피로 불리는 시카고 태생의 커피 브랜드.

INTELLIGENTSIA COFFEE HIGH LINE HOTEL COFFEEBAR, NEW YORK

뉴욕 하이라인 호텔 안에 숍 인 숍으로 자리한 커피바. 뉴욕에 처음 생긴 인텔리젠시아 매장으로 호텔 로비에서는 커피바를 운영하는 동시에 테라스에서는 커피 트럭으로 손님들을 맞이한다. 많은 좌석과 넓은 공간을 제공했던 기존 카페와 달리 호텔 숙박객과 방문객들이 간단히 음료를 즐기고 갈 수 있는 곳이다.

High Line Hotel 180 Tenth Ave., NY

BULY 1803

불리1803

1803년 파리 생토노레 가에서 인기를 끌었던 조향사 장 뱅상 불리 Jean-Vincent Bully의 뷰티 레시피를 복원해 재해석한 화장품 브랜드.

OFFICINE UNIVERSELLE BULY 1803, PARIS

제품을 시향하고 구매할 수 있는 기존 불리1803 매장의 역할 외에 음료, 아이스크림, 베이커리 등을 판매하는 'Grand Café Tortoni'까지 겸하고 있는 곳이다. 또한 매장 뒤편으로 난 두 개의 문을 열면 스파와 선물 포장 서비스 공간이 이어진다. 불리 제품을 이용한 마사지를 체험하거나 다양하게 준비된 선물 패키지로 제품을 포장할 수 있는 곳이다.

45 Rue de Saintonge, Paris

DEUS EX MACHINA

데우스 엑스 마키나

모터사이클 커스텀으로 시작된 호주 브랜드로 현재는 서핑, 스케이트 보드, 자전거 등 다양한 스포츠 문화를 다루는 곳이다.

DEUS EX MACHINA, MILANO

식음료를 제공하는 'Café Thaon', 자전거 용품을 판매하는 'Deus Cycleworks'가 함께 자리한 복합 공간으로 데우스 엑스 마키나의 브랜드 정신을 표방하는 숍이다. 단순히 물건을 파는 곳의 의미를 갖기 보다 브랜드 가치를 경험해볼 수 있는 문화공간으로 기능한다.

Via Thaon Di Revel 3, Milano

OUR LEGACY

아워레거시

2005년 스웨덴에서 시작한 패션 브랜드. 친근함과 낯섦의 경계에 위치하는 것을 지향하며, 기본적인 실루엣을 바탕으로 특색 있는 프린트와 디테일을 접목하는 것이 특징이다.

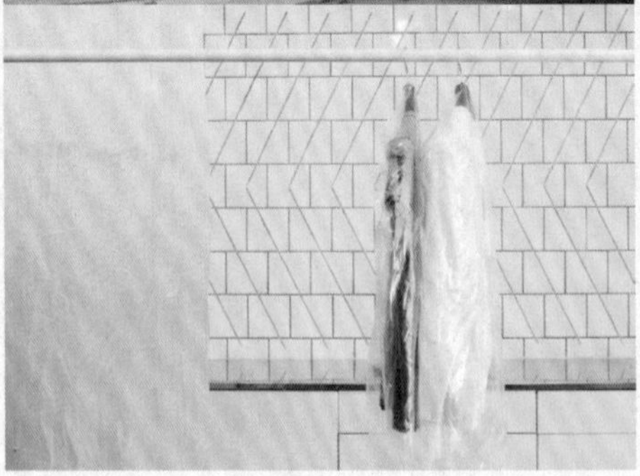

OUR LEGACY WORKSHOP, STOCKHOLM

리테일 매장, 디자인 스튜디오, 작업실이 모두 모여있는 숍. 직접 리폼한 제품이 마련되어 있으며 아워레거시 매장 중 유일하게 아동복 라인을 판매하고 있는 곳이기도 하다. 이곳의 직원들은 지난 시즌의 제품들과 남은 재료, 소재 등을 이용해 업사이클링을 진행한 뒤 해당 매장에서 선보인다.

Rödabergsgatan 6, 113 33 Stockholm

TRACKSMITH
트랙스미스

2014년 미국 뉴잉글랜드에서 시작된 러닝 브랜드.
달리기, 트레이닝, 경주 등을 위한 제품을 선보인다.

TRACKSMITH TRACKHOUSE, BOSTON

트랙스미스의 첫번째 리테일 매장으로 러너들을 위한 소통 공간으로 기능하는 곳이다. 매주 3번의 러닝 세션을 진행하면서 달리기에 관심있는 이들을 위한 트레이닝, 멘토링, 아마추어 지원 프로그램 등을 통해 러닝 문화의 가치를 전파하는 공간으로 자리매김하고 있다.

285 Newbury St., Boston, MA

STORY

TENDENCY

약 10년 전, 일본 다수의 백화점이 판매 부진 위기를 겪던 시절에 "물건을 팔지 않는 쇼핑몰"이라는 슬로건을 내세워 경영 위기를 극복한 일본 최대 백화점 마루이의 슬로건이 시사하듯 오늘날 복합 문화 쇼핑 공간은 경험과 엔터테인먼트를 제공하는 곳으로 진화 중이다. 미학적 구조물, 섬세한 브랜드 큐레이션과 광장을 중심으로 펼쳐지는 문화 서비스는 재화가 아닌 경험을 공유하는 커뮤니티의 장이다.

에디터 박나리 | 일러스트 윤미원

"개성 없는 백화점은 유명 브랜드를 얼마나 입점시키느냐 경쟁만 할 뿐이니 복덕방과 다를 바 없다." 40년 경력의 베테랑 에디터 쓰즈키 교이치 Kyoichi Tsuzuki가 <권외편집자>에서 지적했듯 다양한 브랜드를 입점시키는 것이 최고의 경쟁력이라 여겨온 복합 쇼핑몰의 문제점은 오랫동안 제기되어왔다. 클릭 몇 번이면 커피 한 잔까지 주문 가능한 온라인 쇼핑이 보편화하면서 오프라인 매장은 '쇼핑'이라는 강력한 동력을 상실한 지 오래다. 그러나 전 세계 쇼핑 판도를 온라인으로 이끈 공룡 기업 아마존이 생겨났음에도 11만6000여 개의 쇼핑몰이 있는 '몰의 천국' 미국에서는 여전히 소매 쇼핑의 90%가량이 매장에서 발생한다. "쇼핑몰은 죽지 않고 진화한다. 단지 할머니 세대의 쇼핑몰이 지금 나의 쇼핑몰과 같지 않을 뿐"이라는 컨설팅 전문가 트리시아 매키넌 Tricia McKinnon의 분석처럼 오늘날 복합 쇼핑 공간은 끊임없는 분열과 발전을 통해 매력적인 엔터테인먼트 공간으로 자리잡고 있다.

2017년 문을 연 도쿄의 복합 쇼핑몰 긴자 식스 Ginza Six는 예술과 쇼핑, 라이프스타일의 집합체로 차별화 전략에 성공했다. 6만 권의 도서와 170여 개 좌석을 갖추며 최고층에 자리한 츠타야 Tsutaya 서점이 문화 공간으로서 캐릭터를 부여하고, 곳곳에서 마주하는 예술 작품이 흥미를 더한다. 굳이 쇼핑 목적이 아니더라도 붉은 점으로 가득한 쿠사마 야요이 Yayoi Kusama의 '호박(Pumpkin)'이 매달린 천장, 아케이드 곳곳에 놓인 프랑스 현대미술가 다니엘 뷔랑 Daniel Buren의 트레이드마크인 스트라이프 패턴을 활용한 미술 작품을 보고 있노라면 거대한 갤러리에 방문한 듯한 착각이 든다.

오늘날에는 복합 쇼핑 공간이 매장을 큐레이션하는 방식도 한층 섬세하고 정교해졌다. 지역의 특성을 반영한 로컬 브랜드, 반드시 그 곳에 들러야만 만날 수 있는 희소가치 높은 브랜드를 유치해 공간의 성격을 명확히 한다. 그런 면에서 2018년 런던 킹스크로스에서 선보인 콜 드롭스 야드 Coal Drops Yard는 적절한 예시가 될 듯하다. 공간을 설계하는 3년 동안 1200여 브랜드가 입점을 희망했지만 결과적으로 선택받은 브랜드는 총 69곳. "각 브랜드가 소비자에게 경험과 이야기를 전달할 수 있는가에 초점을 맞췄다"는 것이 프로젝트 디렉터 크레이그 화이트 Craig White의 설명이다. 입점 브랜드 가운데 다수, 예컨대 얼 오브 이스트 Earl of EAST, 보태니컬 보이즈 Botanical Boys 등은 캔들 메이킹 워크숍을 열거나 실내 식물 가꾸기 모임을 통해 브랜드에서 파생할 수 있는 다양한 이벤트를 제공해왔다. '광장'은 바로 그 구심점이다. 더블린 출신 아티스트 에바 로스차일드 Eva Rothschild의 설치 작품, 스트리트 마켓과 테라리엄 트리 전시 등이 런더너들을 광장으로, 그 광장을 품은 콜 드롭스 야드로 이끈다. 공간을 설계한 토머스 헤더윅 Thomas Heatherwick의 '21세기 커뮤니티 공간'이란 이것을 염두에 둔 그림이었을 것이다. 도쿄 신주쿠의 뉴우먼처럼 도심에서 흔히 볼 수 있는 밀폐형 쇼핑몰에서는 옥상정원이 광장 기능을 대신한다. 대여 가능한 밭을 분양해 도심 속 농장을 운영할 수 있도록 돕고, 공연·전시·미술·공예 등 다양한 커뮤니티 행사를 진행하는 식이다. 그렇게 광장은 소비자의 참여를 유도해 '이야기'를 생산하고, 이를 통해 재화의 공간은 커뮤니티 장으로 변모한다.

<포브스 Forbes>는 최근 기사에서 미래 쇼핑몰의 성공 요인을 다음과 같이 분석했다. "단순히 소비자와 제품을 연결하는 대신, 사람들이 새로운 경험과 엔터테인먼트, 서비스를 누리는 라이프스타일 공간을 모색해야 한다." 복합 쇼핑 공간이 존재하는 이유, 사람들이 거대한 자본의 밀집 구역에 발을 들여놓는 이유는 바로 차별화된 경험을 얻고자 하기 때문이다. 아이러니하게도 라이프스타일을 집약한 자본의 중심에서 사람들은 만나고 대화하고 공감하길 원한다. 인터넷 쇼핑이 결코 줄 수 없는 관계의 즐거움이 그 속에 담겨 있기 때문이다.

토마스 헤더윅이 설계한 21세기 석탄공장의 부활, 콜 드롭스 야드 Coal Drops Yard

런던 킹스크로스역 도시 재생 프로젝트의 일환으로 버려진 19세기 석탄 공장을 개조해 2018년 완성했다. '21세기 미켈란젤로'라 평가받는 건축가 토머스 헤더윅이 설계한 이 쇼핑 공간은 2개의 석탄 공장 처마 끝에 날개형 지붕 '키싱루프 kissing roofs'를 더해 개방감을 극대화한 것으로 유명하다. 영국 유명 광고 회사 드로가5 Droga5가 제작한 광고 포스트가 광장 전체를 감싸고, 사운드 시소 'F 웨이브필드 F Wave-Field', '베리에이션 F Variation F' 등의 설치 작품이 들어서 볼거리를 제공한다. 신중한 선별 과정을 거친 60여 개 브랜드가 입점해 있다. 영국을 상징하는 두 크리에이터 톰 딕슨 Tom Dixon과 폴 스미스 Paul Smith의 대규모 쇼룸을 보는 즐거움 외에도, 3층 1861㎡ 공간을 모두 사용한 대규모 삼성 플래그십 스토어, 페이스북과 구글 사무 공간이 합류해 복합 문화 공간의 새로운 가능성을 실험 중이다.

Stable St., Kings Cross, London | coaldropsyard.com

크리에이터들을 불러 모으는 팝업 스토어 전략, 플랫폼 LA Platform LA

2016년 LA 컬버시티에 들어선 이래 페이퍼 컷 아티스트 젠 스타크 Jen Stark의 무지개 벽화, 20개의 감각적인 브랜드 입점으로 화제를 모은 소규모 복합 문화 공간. 비건 아이스크림 전문점 반 리우웬 Van Leeuwen, 포시즌스 호텔 출신의 파티시에가 이끄는 비앙카 Bianca, 리넨 드레스와 리폼 진으로 유명한 로컬 편집숍 제네사 리온 Janessa Leone, 여기에 블루 보틀 커피와 모노클 숍까지 크리에이티브한 브랜드로 가득하다. 특히 '팝업' 기획을 통해 플랫폼 LA만의 트렌디함을 발산해왔는데, 2020년 2월 LA에 처음 선보인 메종 키츠네 팝업 스토어가 대표적이다. "팝업, 요리, 아트, 패션을 아우르는 경험을 통해 LA 크리에이터들의 커뮤니티 공간이 되고자 한다"는 그들의 모토처럼 여전히 승승장구 중이다.

8850 Washington Blvd., Culver City, CA | platformla.com

로컬리티를 강조한 럭셔리 쇼핑몰의 미래,
긴자 식스 Ginza Six

2017년 4월 '도심 재개발 프로젝트'의 일환으로 설계한 쇼핑몰로, 오래된 긴자 거리에 밀레니얼 세대를 끌어들이는 데 큰 역할을 했다. 지상 13층, 지하 2층 규모로 200개 넘는 브랜드가 입점했다. 1~5층은 패션 및 라이프스타일관, 6층은 츠타야 서점, 13층은 레스토랑 및 라운지로 구성했다. 언뜻 고급 브랜드로 가득한 럭셔리 쇼핑몰 같지만, 긴자 식스는 일본 고유의 문화와 라이프스타일을 매장 곳곳에 투영하며 삶에 필요한 모든 것을 담아낸다. 모자를 즐겨 착용하는 일본인의 패션 스타일을 반영한 도쿄 최대의 모자 전문 편집숍 카시라 Ca4la, 일본 전통복 유카타를 판매하는 오카노 Okano, 놋쇠에 음식을 담아내는 문화를 반영한 식기 브랜드 교키센도 Gyokysendo 등의 입점이 특히 인상적이다.
6 Chome-10-1 Ginza, Chuo City, Tokyo | ginza6.tokyo

세계 최초의 컨테이너 팝업몰, 박스파크 쇼어디치 BoxPark Shoreditch

런던에 콜 드롭스 야드가 들어서기 전, 2011년부터 쇼어디치역에 그 전신인 박스파크가 자리했다. 작은 블랙 컨테이너 박스 20여 개를 연결해 정기적으로 입점 브랜드를 순환하는 최초의 '팝업 쇼핑몰' 전략을 선보여왔다. 'Eat, Drink, Shop, Play'를 모토로 지난 10여 년간 '먹고 마시고 쇼핑하고 즐기는' 모든 것이 이 근사한 컨테이너 박스 안에서 가능했다. 쇼어디치 전철역과 연결되는 야외 광장에서는 여름이면 윔블던 경기를, 프리미어리그 시즌에는 축구 경기를 중계하는데, 선베드 위에 앉거나 누워 누구나 자유롭게 머물다 가는 이스트런던의 커뮤니티 장소로 기능한다. 더 캠던 워치 컴퍼니 The Camden Watch Company, 블랙 도그 프레스 Black Dog Press 등 그간 수많은 이스트런던 기반의 로컬 브랜드가 입점하며 유니크함을 더해왔다.
2-10 Bethnal Green Rd., Hackney, London | boxpark.co.uk

거대한 아트 갤러리로 구현한 밀레니얼 세대의 놀이터, K-11 뮤제아 K-11 Musea

홍콩의 문화 중심지 침사추이에 들어선 복합 쇼핑몰로 2019년 문을 열었다. 저명한 아트 컬렉터이자 기업가인 에이드리언 청 Adrian Cheng이 "전 세계 밀레니얼 세대가 모여 예술을 경험하는 혁신적 문화 공간을 만들겠다"는 취지 아래 기획과 공간 큐레이션에 참여했다. 지하 2층~지상 7층 규모의 쇼핑몰은 '예술'을 전면에 배치한 큐레이션이 돋보인다. 아시아 최대 규모의 모마 MoMA 디자인 숍, 오페라하우스, 7~8층의 야외 가든에서는 국제영화제 수상작을 상영하는 아트 하우스 극장을 마련해 다양한 문화 예술을 경험하도록 배려했다. 이 밖에 공간 곳곳에 에르빈 부름 Erwin Wurm, 서도호, 삼손 영 Samson Young 등 세계적 아티스트의 작품과 북유럽 가구 컬렉션을 진열해 쇼핑몰을 하나의 아트 갤러리로 치환했다.

Victoria Dockside, 18 Salisbury Rd., Tsim Sha Tsui, Kowloon, HK | k11musea.com

백화점 전 층에 자연광을 들인 파격 행보,
갤러리아 광교 Galleria Gwanggyo

갤러리아백화점이 처음 선보인 대형 복합 쇼핑 공간으로 쇼핑 위주의 동선에서 벗어나 소비자에게 문화와 다양한 경험을 전달하고자 노력한 점이 돋보인다. 렘 콜하스 Rem Koolhaas의 OMA 건축사무소에서 설계한 푸른 유리 계단이 1층부터 12층까지 휘감아 오르는 독특한 건축 스타일, 세계 최초로 선보인 마르턴 바스 Marrten Baas의 신작 '컨페티 클락 Confetti Clock', 문학동네가 운영하는 북 카페, 아쿠아리움과 아쿠아 가든, 유튜브 & 쿠킹 스튜디오 등 요즘 시대가 요구하는 다양한 엔터테인먼트 요소로 가득하다. 무엇보다 백화점에는 창문이 없다는 고정관념을 탈피해 전 층에 빛이 스미는 파격적 선택을 감행했는데, 매출과 소비를 최우선으로 두지 않겠다는 철학에서 비롯한 결과다. 총 440여 개 브랜드가 입점했으며 삼성전자 프리미엄 스토어, LG전자 시그니처 키친 스위트 전용관은 체험 위주의 구성으로 눈길을 끈다.

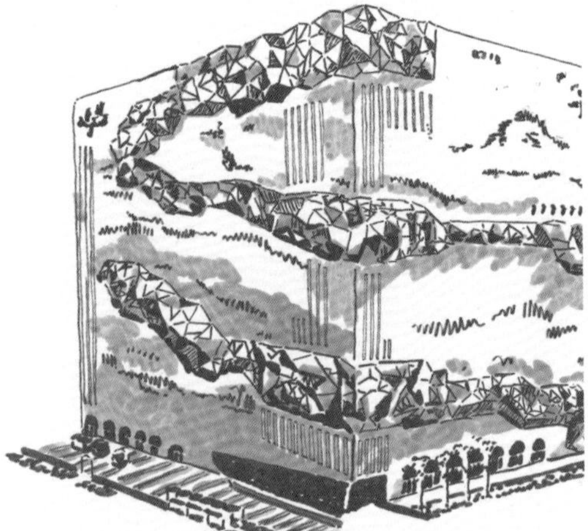

경기도 수원시 영통구 원천동 광교호수공원로 320 | dept.galleria.co.kr

INTERVIEW

리테일 신 변화를 주도하는 업계 관계자와의 인터뷰를 통해 요즘 시대 리테일 환경의 변화와 징후를 살폈다.

에디터 김나래, 손현, 박찬용

Gildas Loaëc

길다스 로엑
메종 키츠네 공동 창립자·크리에이티브 디렉터

일본어로 키츠네는 '여우'다. 일본 신화에서 여우는 다양한 얼굴로 변신한다. 그리고 메종은 프랑스어로 '집'을 뜻한다. 프랑스어와 일본어를 결합해 만든 브랜드 메종 키츠네는 2002년 레코드 레이블 키츠네로 첫걸음을 뗐다. 프랑스 파리에서 길다스 로엑과 쿠로키 마사야 두 사람이 공동 창립한 브랜드는 이후 일본 감성이 절묘하게 섞인 프렌치 프레피 룩으로 패션업계에도 과감히 뛰어들었다. 여우처럼 변신에 변신을 거듭하는 듯한 브랜드는 2013년 도쿄 아오야마 지역에 '카페 키츠네'를 선보이면서 브랜드의 레퍼토리를 새롭게 추가했다. 현재 카페 키츠네는 도쿄와 파리, 서울에 이어 상하이와 뉴욕, 오카야마, 교토에까지 진출한 상태다. 티셔츠 몇 벌과 청바지 한 벌이 컬렉션의 전부이던 메종 키츠네가 오늘날 파리 패션 위크에 컬렉션을 선보이는 '미니 패션 하우스'로 거듭난 변화처럼 카페 키츠네 또한 인스타그램 최고의 인기 공간으로 출발해 자체 로스팅하는 시스템까지 구축한 카페 브랜드로 신뢰도를 높여왔다. 메종 키츠네와 카페 키츠네, 두 브랜드를 각각 별개의 개체라 봐도 무방한 브랜드의 성장에 관한 이야기를 공동 창립자 길다스 로엑에게 들었다.

메종 키츠네가 탄생한 시점인 2000년대 초반에 일본에는 음악과 패션, 라이프스타일을 동시에 '파는' 편집숍이 많았어요. 현재 당신이 머무르고 있는 일본에서 바라본 패션 혹은 라이프스타일 리테일 신의 흐름은 어떤가요?
도쿄엔 여전히 감도 있는 편집숍이 많아요. 과거와 차이가 있다면, 요즘은 해외 브랜드의 제품뿐 아니라 자국의 제품을 훨씬 더 많이 갖추고 있다는 점입니다. 엔화 가치가 하락해 해외 브랜드의 제품을 수입하는 일이 점점 더 부담스러워졌고, 자국 내 브랜드가 부상하면서 편집숍의 수입 브랜드 의존도가 현저히 줄어든 것 같아요.

한국 시장에 진출할 때는 이미 편집숍인 비이커를 통해 메종 키츠네의 제품을 전개 중이던 삼성물산과 파트너십을 체결했고, 2020년 초 중국 상하이 신천지 지역에 매장을 오픈할 때에는 중국의 남성복 전문 기업인 지우무왕과 손잡은 것으로 알고 있어요. 파트너십을 맺을 때 현지화에 유리한 유통망을 가장 중요한 요소로 판단한다고 이해하면 될까요?
나라별로 메종 키츠네에 어울리는 사업자를 찾는 일은 중요한 부분입니다. 최근 지우무왕(Joeone)과의 파트너십은 종료됐습니다. 중국 현지에서 메종 키츠네의 입지가 충분히 다져졌고, 독립 회사로서 사업을 하는 데에도 무리가 없다고 판단했기 때문이지요. 한국의 경우 삼성물산과 파트너십을 이어가고 있어요. 제 경험상 한국은 대기업의 유통망이 훨씬 더 조직적이고 강력해 보여요. 중국과 비교해 독립적 사업을 전개하기가 복잡한 시장이라고도 말할 수 있죠.

메종 키츠네의 경우 특히 브랜드의 자유로운 감성을 사랑하고 아끼는 팬덤층이 견고한 것으로 알려져 있습니다. 이러한 브랜드에 대한 대중적 이미지의 확산에는 불특정 다수의 인원이 자유로이 오가며 시간을 보낼 수 있는 카페 키츠네의 역할이 커 보여요. 카페 키츠네를 처음 만들 당시 창립자끼리는 어떤 이야기를 가장 많이 나누었나요?
당시 아이디어는 굉장히 즉흥적이고, 단순했어요. 카페를 통해 재미있는, 일종의 삶의 터전을 만들면 좋겠다는 생각이 전부였거든요. 첫 카페는 도쿄 아오야마에 오픈했는데, 이 지역은 저와 마사야가 평소 산책을 즐기던 곳이었습니다. 우연히 아오야마에서 작은 공간을 발견했고, 무엇을 할까 고민하다 카페를 만든 경우예요. 파리 팔레루아얄 곁에 자리한 카페 키츠네도 비슷한 사례입니다. 저희 둘은 특히 팔레루아얄에 있는 공원을 좋아하는데, 아케이드에 매물이 나왔다는 소식을 듣자마자 카페 키츠네의 공간으로 결정해버렸지요. 뉴욕 이스트빌리지에 마련한 카페 키츠네 또한 마찬가지였고요. 저희에겐 카페 키츠네가 좋아하는 도시, 동네에 정기적으로 방문할 수 있는 근사한 핑겟거리인 셈입니다.

초창기 일본 아오야마에 위치한 카페 키츠네는 메종 키츠네의 제품을 일부 판매하는 매장으로도 기능했습니다. 카페에서 조금 더 걸어가면 메종 키츠네의 아오야마 부티크도 만날 수 있고요. 이러한 공간적 '레이어'는 당시만 해도 굉장히 신선한 접근 방법이었던 것으로 기억합니다.
두 공간이 이웃해 있어 확실히 시너지 효과가 있었습니다. 두 곳을 나란히 찾는 이들이 적지 않았거든요. 시기적으로 카페 키츠네를 열 당시의 운도 유리하게 작용한 것 같습니다. 인스타그램이 활성화하면서 너도나도 자신이 방문한 공간을 촬영해 올릴 때였거든요. 인스타그램을 통한 파급 효과가 막 생겨나던 시기였죠. 카페 키츠네는 인스타그램 세상에서 유명했어요.

아오야마의 카페 키츠네에서 판매하는 스마트폰 케이스나 에코백 같은 경우는 메종 키츠네 부티크에 진열된 것보다 더 눈에 들어오더군요. 카페에서의 굿즈 판매로 꽤 의미 있는 매출을 올렸을 것 같은데, 어떤가요?
그럼요! 스마트폰 케이스나 에코백은 물론이고 티셔츠, 스웨트셔츠 등을 포함한 '카페 키츠네 컬렉션'을 통해 메종 키츠네에서 다루지 않던 다양한 품목을 소개하고 싶었습니다. 특히 테이블웨어는 카페 키츠네만이 만들 수 있는 제품이에요. 세라믹으로 유명한 프랑스 리모주 Limoges 지방에서 제작한 접시나 아스티에 드 빌라트와 같이 만든 컵처럼 매 시즌 다양한 브랜드, 아티스트와 카페 키츠네를 상징하는 협업을 지속해오고 있습니다. 이런 오브제들은 의복과는 달리 고객의 집 안에서 키츠네의 분위기나 정체성을 느낄 수 있다는 이점이 있어 매력을 느끼는 듯합니다. 매출 역시 꾸준히 증가하고 있고요.

메종 키츠네와 카페 키츠네 각각의 DNA를 어떻게 분류하고, 어떤 방식으로 이를 매장에서 교차하려 하나요?
공간을 채우는 콘텐츠를 예로 들면, 카페 키츠네는 패션보다는 테이블웨어, 즉 라이프스타일에 집중한 브랜드로 더욱 다양한 사람이 접근하기 쉽게 구성하려 합니다. 여기에는 카페 키츠네에서 마실 수 있는 모든 음료와 디저트 메뉴도 포함됩니다. 카페에서 판매하는 굿즈와 음료 그리고 디저트 메뉴까지 동일한 아이덴티티로 설명해야 사람들이 훨씬 더 강력한 이미지로 받아들여요. 얼마 전 파리 루브르 인근에 오픈한 카페 키츠네는 레스토랑 기능까지 갖춘 장소예요. 커피, 티, 에이드로 한정되어 있던 메뉴가 칵테일과 음식으로 선택의 폭이 훨씬 더 넓어졌습니다.

카페 키츠네 컬렉션을 통해 패션뿐 아니라 라이프스타일 영역을 아우르는 제품을 소개하고, 카페를 위해 선별한 음원 '카페 컴필레이션'을 BGM으로 트는 등 굉장히 영리하게 키츠네의 분야별 사업을 넘나드는 것으로 보여요.
저는 한 사람의 일과에서 상당 부분을 키츠네와 함께 보낼 수 있게 하고 싶었습니다. 키츠네라는 커다란 세계 안에서 하루 세끼와 입는 옷, 그리고 듣는 음악까지 해결이 가능하도록 말이죠. 커피와 다과, 식사와 칵테일까지 즐길 수 있고, 그러기 위해 들르는 공간에서 자연스럽게 키츠네가 만든 음악까지도 듣는 거예요. 특히 음악은 저희에게 중요한 요소입니다. 브랜드 입장에서도 언제나 음악은 중요한 매개 중 하나이고, 자연스레 카페 키츠네 혹은 메종 키츠네를 위한 음악을 선별하고 공유할 수 있게 된 것입니다.

브랜드 전체를 총괄하고 지휘하는 입장에서 메종 키츠네와 카페 키츠네가 별도의 브랜드로 보이는 게 얼마나 중요한가요?

매 시즌 콘셉트가 달라지는 메종 키츠네와 카페 키츠네의 제품은 서로 다른 소비자층을 겨냥하고 있어요. 메종 키츠네의 옷을 입지 않는 사람도 얼마든지 카페 키츠네의 제품을 편안히 느끼고 사용할 수 있게 말이죠. 단적인 예로 두 브랜드의 키 컬러 또한 차이가 있는데요, 카페 키츠네를 상징하는 키 컬러는 카페 라테(프랑스어로는 café crème)예요. 카페 키츠네 매장은 주로 커피색, 흰색, 베이지 색상이 주를 이루고 있습니다.

파리와 일본의 경우 패션 부티크와 카페가 분리된 반면, 한국의 가로수길 매장은 브랜드 최초로 패션 부티크와 카페를 결합한 형태였어요. 이 두 공간을 합하면서 고려한 지점은 무엇인가요?

패션 부티크와 카페 공간을 꼭 분리해야 한다는 엄중한 규칙을 가지고 있지는 않습니다. 각각 입지 조건이나 상황에 맞추어서 그때그때 결정할 따름이죠. 서울의 경우, 패션 부티크와 카페가 동시에 들어가도 좋아 보여서 그러기로 한 겁니다. 서울뿐 아니라 상하이, 그리고 최근에 오픈한 교토 지점 역시 메종 키츠네와 카페 키츠네가 결합해 있어요.

카페 키츠네의 입지를 고르는 데 중요하다고 믿는 지점이 있다면요?

어떤 동네인지가 가장 중요하겠죠. 카페 키츠네든, 메종 키츠네든 '트래픽'이 생겨야 비즈니스를 유지할 수 있으니까요. 물론 멋진 건물이나 장소에 들어가면 좋겠지만, 크게 연연해하지는 않습니다. 예를 들어 이전 카페 키츠네는 모두 독립적이고 개성이 뚜렷한 장소에 열었다면, 최근 오픈한 한국의 판교점 그리고 도쿄 시부야의 카페 키츠네는 모두 백화점이나 쇼핑몰에 들어가 있어요. 카페 키츠네의 사업이 확장되면서 이전보다 다양하고 한편으론 더 열린 방향으로 전개하려 합니다.

앞서 잠시 대화에 등장한 것처럼 2020년 초 카페에 바와 레스토랑 콘셉트가 더해진 '카페 키츠네 루브르'를 새롭게 오픈했습니다. 브랜드 입장에서는 외식 사업에 처음 도전장을 내민 셈인데, 어떻게 초기의 아이디어를 토대로 공간을 완성했나요?

저는 우선 저희 레스토랑이 아름다우면서도 편안하게 들를 수 있는 장소이기를 희망했어요. 거의 대다수 파리의 비스트로가 비슷비슷한 메뉴와 서비스를 제공합니다. 저는 그보다 '키츠네식 네오 비스트로', 즉 저희만의 해석이 담긴 새로운 비스트로를 보여주고 싶었어요. 마차 라테부터 칵테일까지 포함된 메뉴 역시 일본풍의 터치를 가미해 훨씬 더 특별해 보일 수 있게 말이죠. 레스토랑에서 내려다보는 파리의 전경 또한 저희의 큰 장점 중 하나입니다. 공간 디자인에서 강조하고 싶은 부분은 가능한 한 환경친화적 방식으로 꾸미려 했다는 거예요. 레스토랑 안에 사용한 대부분의 가구와 장식물은 이산화탄소 배출량을 줄이기 위한 목적으로 파리와 파리 근교에서 제작했습니다. 저희가 쓴 플라스틱도 전부 재활용 플라스틱으로 만들었고요.

최근 메종 키츠네처럼 패션 브랜드가 카페 또는 레스토랑을 겸업하면서 관련 브랜드를 '스탠드 얼론' 형태로 운영하는 흐름이 있어요. 패션 브랜드에서 이러한 공간을 욕심내는 이유가 무엇일까요?

단순하게 생각해보면 패션 매장을 떠나서 다른 관점으로 소비자를 만나고, 브랜드를 경험할 기회를 창출하는 가장 직접적인 방법이라서가 아닐까요? 카페나 레스토랑을 운영하는 건 먹고 마시는, 인간 생활의 기본 요소인 의식주와 관계된 일이기도 하지요. 사람들의 이런 경험이 인스타그램 콘텐츠의 대부분을 차지하므로 동시에 마케팅 효과까지 노린 것이 아닐까 판단됩니다.

혹시 경쟁사 중에서 눈여겨보는 곳이 있다면요?

일본의 아라비카 커피 Arabica Coffee를 주목합니다. 최근 파리에도 아라비카 커피가 2구와 7구 두 곳에 매장을 냈는데요, 전혀 다른 문화권이라 정착하는 데 나름의 고충이 있어 보여요.

인도네시아 발리에 호텔을 짓고 있다는 얘기를 들었습니다. 카페와 레스토랑으로 영역을 넓힌 그간의 행보는 호텔 사업으로 진출하기 위한 준비 과정이었을까요?

현재 발리에 키츠네 스타일의 빌라를 짓고 있는데요, 이 프로젝트 또한 카페나 레스토랑을 만들 때처럼 저희가 가서 지내고 싶은 호텔이 있었으면 해서 시작한 것입니다. 운 좋게도 마음이 맞는 로컬 파트너를 찾으면서 진행 속도가 빨라졌고요.

앞으로도 사람들에게 오프라인 매장이 주효한 역할을 할 거라고 확신하나요?

하루아침에 리테일 마켓이 무너지지는 않을 것 같아요. 아무리 디지털의 파워가 커진다고 해도 직접 가게를 둘러보면서 물건을 만져볼 수 있는, 자신이 원하는 브랜드를 몸소 경험할 수 있는 리테일 마켓은 어떤 형태로든 존재 가치를 입증하리라 믿고 있어요. 다만 예전보다 백화점 역할이 줄어들 것 같다는 생각은 확실히 듭니다.

Alasdair Fenning

알래스데어 페닝
라파 아태지역 리테일 총괄 디렉터

"라파 클럽하우스는 단순한 오프라인 매장 이상으로, 브랜드 전면에서 라파가 전달하고자 하는 고객 경험이 발현되는 곳입니다." 라파의 글로벌 마케팅을 담당하는 프랑수아 콩베르세 François Converce가 매거진 <B>와의 지난 인터뷰에서 한 말이다. 많은 글로벌 브랜드의 마케팅 담당자들도 비슷한 말을 한다. 하지만 이를 실제로 구현한 사례는 흔치 않다. 대부분 플래그십 스토어나 특정 지역의 리테일 숍은 방문하는 고객에게 브랜드의 제품이나 서비스를 판매하는 '일방향 거래'에 그치기 때문이다. 한편 라파는 클럽하우스를 통해 고객의 일상에 자연스럽게 스며드는 데 성공했다. 이곳을 찾는 멤버들은 스스로 네트워크를 형성하면서 자신이 즐겨 타는 코스를 공유하고, 자연스럽게 지역 사회의 일원으로서 소속감을 강화하고 있다. 이는 각 지역별로 개최하는 '라파 사이클링 서밋', '라파 프레스티지' 등의 다양한 라이딩 이벤트에서 상징적으로 드러난다. 아시아 태평양 지역 리테일을 총괄하는 알래스데어 페닝은 클럽하우스가 고객의 라이프스타일에 영향을 미치는 데 성공한 비결로 "사이클링에 대한 사랑"을 꼽았다. 라파의 궁극적인 목표이자 수단인 사이클링 스포츠는 결국 그걸 직접 경험하는 것이 전부이기 때문이다.

2015년 6월 라파에 합류해 현재 APAC 지역의 리테일을 총괄하고 있습니다. 처음 라파에 합류한 계기가 궁금합니다.
이전에는 패션업계에서 일했습니다. 관재팀장(head of property)이 유망해 보이는 사이클링 브랜드로 이직할 거라고 하길래 제가 물었죠. "혹시 라파로 가나요?" 그가 그렇다고 하길래 제 면접을 잡아주기 전까지 계속 쫓아다니면서 괴롭혔어요.(웃음) 약간의 과장을 섞기는 했습니다. 당시 저는 자전거로 출퇴근했고, 사용자에게 초점을 두고 아름답게 만든 라파 제품에 감동을 받았거든요. 언제나 목적을 가지고 있는 브랜드를 위해 일하는 걸 꿈꿔왔습니다.

꿈꿔온 브랜드에서는 어떤 일을 하고 있나요?
아시아, 호주에 있는 클럽하우스와 런던 사이의 연결 고리가 되어 각 지역의 피드백을 우리 전략에 반영하는 일을 하고 있어요. 라파의 총괄 매니저(general manager)들은 각 도시의 전문가가 되려 하기보다는 지역 사이클링 컬처에 녹아들기 위해 노력합니다. 구체적으로는 우리 팀이 효율적으로 운영되고, 현지와 접점을 이루고, 고객에게 초점을 맞추도록 하죠. 그렇게 리테일에 영향을 줄 수 있는 기회를 제공하는 게 제 핵심 역할이라고 생각합니다.

라파 클럽하우스도 코로나19의 영향을 받았을 텐데요, 지역별로는 어떻게 대응했나요?
각 라파 클럽하우스(이하 클럽하우스)가 빠르게 변화하는 환경에 적응해야 했습니다. 그리고 지역 상황에 맞는 서비스를 다시 구성했습니다. 대만 타이베이에서는 지난 7월 셋째 주부터 대규모 참여 이벤트와 그룹 라이딩을 재개했습니다만, 다른 지역은 온라인으로 제품을 구매한 후 현지 매장에서 픽업하는 서비스나 배송 서비스에 초점을 맞추고 있습니다.

클럽하우스 론칭은 보통 어떤 과정으로 이루어지나요?
하나의 사업을 시작하는 과정과 비슷합니다. 우선 도시의 위치를 탐색 및 조사하고 사이클링 스포츠에 걸맞은 요소를 찾습니다. 다행히도 저희에게는 각 지역의 분위기와 라이딩 루트 정보를 전해주는 라파의 라이드 리더와 앰배서더, 열정적인 멤버가 전 세계에 퍼져 있습니다. 브랜드 안팎에 열정적인 사람이 가득하면 (특히 사업 확장에 대해) 지루한 대화를 나눌 일이 없다는 훌륭한 장점이 있죠.

클럽하우스를 열기로 결정하는 데 꼭 고려하는 요소도 있나요?
어느 도시의 사이클리스트 인구가 많다는 건 매우 큰 이점입니다. 하지만 그렇지 않다고 해서 후보지에서 배제하지는 않습니다. 홍콩은 자전거 타기에 좋은 환경은 아니에요. 교통이 혼잡하고, 노면 상태가 좋지 못할뿐더러 정부가 자전거를 교통수단이나 스포츠로 증진시키려는 의지도 거의 없습니다. 그럼에도 우리는 이곳에 클럽하우스를 론칭함으로써 비록 소수이지만 이 아름답고 거친 도시에서 때와 장소에 유연하며 열정적으로 자전거를 타는 사이클리스트를 얻게 되었어요. 클럽하우스의 정기 라이딩은 저희 서비스의 필수 부분입니다. 그렇기 때문에 자전거로 접근할 수 있고, 좋은 루트와 가까운 곳에 위치해야 합니다. 또한 사이클링을 스포츠로 선보이고 기념할 수 있는지 여부, 사람들의 통행량도 필수 고려 사항입니다.

입지에 더해 매장 동선이나 공간 구성 면에서 특별히 신경 쓰는 부분도 궁금합니다.
앞서 사이클링을 스포츠로 대하고 기념(celebrate)할 수 있는 문화를 언급했는데, 라파의 첫 번째 오프라인 공간을 이스트런던에서 열며 전시회를 개최했습니다. 그리고 그랜드 투어 기간에 라파를 방문하면 제품뿐 아니라 사이클링 스포츠의 유산과 아름다움도 보고 느낄 수 있도록 했습니다. 이를 위해 공간을 유연하게 쓸 수 있는지 등 건축적 요인도 반드시 고려해야 하죠. 라파는 한 지역에 클럽하우스가 생겼을 때 얻을 수 있는 가치를 아는 도시계획, 건축설계사를 비롯한 지역 관계자와 협업하며 사이클링 스포츠와 커뮤니티에 대한 열정을 보여주는 장소를 창조하는 데 탁월한 능력을 지니고 있습니다.

그동안 유럽과 미국을 중심으로 클럽하우스를 운영하다가 점차 홍콩, 멜버른, 오사카, 서울, 타이베이, 도쿄 등 아시아 지역으로 확장하고 있는 것으로 보입니다.
사실 라파의 고향인 런던보다 오사카에 매장이 먼저 생겼습니다. 라파는 소비자를 직접 만나는 사업 모델을 지향합니다. 이는 우리가 처음부터 글로벌 브랜드이며, 주요 시장에서 고유한 고객 경험을 제공하기 위해 운영상 다양한 어려움을 받아들여왔음을 의미해요. 라파 고유의 분위기와 현지 느낌 사이의 균형을 잡는 것이 매우 중요합니다. 팀과 서비스, 기념품, 클럽하우스 론칭 시기, 이벤트, 제품 등을 신중하게 고민해야 하는 이유이기도 하죠. 그래야 라파가 균형을 잘 잡고, 현지 고객들과 사이클링에 대한 열정을 나눌 수 있습니다.

클럽하우스는 고객의 재방문율이 꽤 높을 걸로 예상합니다. 반면, 사이클링에 전혀 관심 없는 사람을 위한 장치도 있나요? 우선 한 번이라도 들어와야 라파를 경험할 수 있으니까요.
"사이클링을 세계에서 가장 인기 있는 스포츠로 만들겠다"라는 라파의 미션이 곧 강점이 됩니다. 사람들이 더 신중히 구매하고, 지속 가능성, 정통성 등을 주요한 구매 요인으로 고려하면서 목적과 열정을 지닌 브랜드가 점점 성공하고 있습니다. 라이딩을 마치고 모여 커피를 마시며 이야기를 나누는 사람으로 가득한 클럽하우스는 생명력으로 넘쳐납니다. 이러한 클럽하우스의 포맷은 사이클링에 대한 지식이 없는 사람도 커피와 고유한 분위기를 즐길 수 있는 환경을 제공합니다. 그들이 사이클링에 대해 좀 더 많은 관심을 갖게 하고, 카페 고객이 RCC 멤버로, 나아가 우리 제품의 구매자가 될 수 있도록 하는 것이 팀의 목표입니다.

이곳에서 일하는 사람들의 배경도 궁금합니다. 클럽하우스 매니저의 채용 공고를 보니 '최소 2년 동안 럭셔리 브랜드에서 근무한 경험'이 자격 요건 중 하나로 있더군요. 럭셔리 리테일 브랜드에서 볼 수 있는 전략을 클럽하우스에도 적용하나요?
'럭셔리 리테일 브랜드에서 일한 경험'은 저희 쪽에 지원하는 데 장벽이라기보다는 라파의 고객 서비스 수준이 그만큼 높으며, 고객이 라파에서 처음 사이클 의류를 구매하거나 라이딩 전 커피를 마실 때 그들의 니즈에 주의를 기울여야 한다는 점을 안내하는 지침으로 봐야 합니다.

매니저들은 어떤 브랜드 출신이 많은가요?
다양한 배경을 가진 매니저들이 라파에서 일하고 있습니다. 실제로 리테일 분야에서 일한 경험은 없지만, 라파에서 매니저로서 훌륭하게 성장한 이도 꽤 있고요. 몇 가지를 꼽아보자면 마케팅, 호스피탤리티, 건축, 엔지니어링, 홍보 등의 분야입니다.

글로벌 마케팅을 담당하는 프랑수아 콩베르세는 매거진 <B>와의 지난 인터뷰에서 "최근 샌프란시스코와 코펜하겐 두 곳의 클럽하우스에 파일럿 프로젝트를 진행하며 (클럽하우스의 미래에 관한) 다양한 방식을 테스트"하고 있다고 말했습니다. 어떤 실험인지 구체적 내용을 알 수 있을까요?
파일럿 프로젝트의 목적은 두 가지입니다. 우리의 이야기를 전달하기 위해 전 제품을 클럽하우스에 진열할 필요가 없다는 점, 클럽하우스가 커뮤니티 증진과 현지 라이딩 활성화를 가장 우선시해야 한다는 점을 증명하는 것이죠.

왜 코펜하겐과 샌프란시스코인가요?
샌프란시스코 클럽하우스는 가장 오래된 클럽하우스 중 하나이며, 코펜하겐은 상대적으로 최근에 생겼기 때문에 두 장소를 파일럿 프로젝트 장소로 정했습니다. 그리고 두 클럽하우스의 리모델링에 투자하고 (라이딩 조건에 맞지 않거나 미학적 이유로) 현지에서 큰 반응이 없는 제품을 진열대에서 뺐습니다. 결과적으로 우리는 남은 제품에 더욱 집중해 스토리텔링을 신경 쓰고 장점을 강조할 수 있었습니다. 라이딩 제품과 사이클리스트를 위한 공간을 중심부에 두어 라파의 목표를 직접적으로 드러내고, 현지 고객에게 주인 의식도 심어주는 방식으로 말이죠.

창립자 사이먼 모트람은 매거진 <B>와의 인터뷰를 통해 "(자전거 브랜드 캐니언이 기술적 퍼포먼스와 엔지니어링에 집중하는 브랜드라면) 라파는 스토리텔링과 컬처에 주목하는 브랜드"에 가깝다고 언급한 적이 있습니다. 이런 관점에서 클럽하우스에서만 가능한 활동이 있을 텐데요?
라파 라이드 Rapha Rides 프로그램이 대표적입니다. 라이딩을 증진하고 우리가 자리 잡은 도시의 고유성을 강조하는 데 우리가 지닌 진정한 능력을 확인할 수 있는 프로그램이죠. 라파 라이드는 본질적으로 우리가 투어한 장소에서 열리는 라이딩 축제이자 주말 이벤트입니다. 제가 유럽에서 근무할 당시, 암스테르담에서 열린 이벤트에서 브랜드의 창립 멤버는 물론 새로운 멤버와 함께 라이딩할 기회가 있었어요. 그 이벤트에서 라이딩을 위한 음식을 어떻게 준비하는지 배웠고, 올림픽에 참가하는 프로 선수와 저녁도 먹었습니다. 제 아내는 전 프로 선수와 함께 스킬 클래스에 참여했는데, 그날 집에 와서 클래스 때 타본 캐니언의 6kg 자전거를 꼭 사야 한다고 하더군요!(웃음)

라파의 클럽하우스가 브랜드의 하드웨어라면, RCC는 라이딩을 사랑하는 이들의 연대를 위한 시스템입니다. 아직까지 클럽하우스가 진출하지 않은 도시에서의 전략은 어떤가요?
그동안 라파의 주요 혜택이 클럽하우스가 있는 도시에 거주하는 사람에게 치우쳐 있다는 사실을 알게 된 후로, 올해 RCC의 방향에 변화가 조금 있었습니다. 전 세계에 있는 라파 고객에게 고르게 혜택을 제공하고자, 라이드 리더 수를 늘리고 파트너 카페 프로그램을 확장하고 있습니다. 라파 상설 매장이 없는 지역의 사람들에게도 RCC의 정신과 브랜드를 알려야 하니까요.

그동안 RCC 회원들에게 가장 좋은 반응을 얻은 프로그램은 무엇인지 궁금합니다.
고객과의 접점이 많은 각종 이벤트가 주로 반응이 좋았어요. 예를 들어 전 세계 라이더와 함께 라이딩하며 서로 어울리는 주말 이벤트인 라파 사이클링 클럽 서밋 Rapha Cycling Club Summit, 각 지역 최고의 루트에서 열리는 팀 레이스인 라파 프레스티지 Rapha Prestige 등이 있습니다. 이 밖에도 특별 라이드 이벤트가 열리면 꽤 오랫동안 그 여운이 지속되곤 합니다.

현지화를 취할 때는 코디네이터에게 많은 부분을 자율적으로 맡긴다고 들었습니다. 현지 코디네이터의 선정 기준이라든지, 브랜드 철학을 공유하는 방식이 있을까요?
코디네이터는 회원들의 경험과 브랜드 인지도 상승의 최전선에 있습니다. 라파의 앰배서더가 되는 것은 도시 및 도시 사이클리스트의 앰배서더가 되는 것만큼이나 중요하죠. 저희는 고객을 통해 가장 많은 것을 배우기 때문에 코디네이터라면 라이드와 이벤트를 계획할 때, 새로운 멤버나 경험이 적은 라이더를 환영하는 환경을 조성할 때에도 전략적으로 생각하는 능력이 중요합니다.

Jiho Sohn

손지호
네오밸류 NEOVALUE 대표

앨리웨이 광교는 광교신도시 복합 쇼핑몰이다. 광교 아이파크와 직접 연결되기 때문에 주상복합 상가라고 볼 수도 있지만 세부 구성은 보통 상가와 전혀 다르다. 요즘 인기인 현대미술가 카우스 Kaws의 작품이 곳곳에 있고, 남성용 멀티숍 스트롤 strol, 독립 서점 책발전소 광교, 리빙숍 겸 카페 식물원이 크게 자리잡고 있다. 그 위로 특징적인 식당과 베이커리 등이 자리를 채운다. 이쯤 되면 보통 아파트 상가를 아득히 뛰어넘는다. 일부러 찾아올 만큼의 가치가 있다. 앨리웨이 광교는 네오밸류라는 부동산 개발 업체가 만들었다. 이들은 부지 선정부터 초기 기획, 세부 입주자 선정 등에 이르는 일들을 5년에 걸쳐 준비했다. 보통 한국의 부동산 입지는 역세권이나 학군 등 개발업자가 통제하기 힘든 변수에 의해 결정된다. 반면 앨리웨이 광교는 디벨로퍼가 만든 상업시설 자체를 입지로 만들려 했다. 숫자로 잘 표현되지 않는 매력을 인위적으로 만들어내려 한 것이다. 그 시도에 대한 성공적인 결과가 앨리웨이 광교다. 네오밸류에 주목한 이유다. 네오밸류는 스스로를 라이프스타일 디벨로퍼라 설명한다. 돈을 벌고 빠져나가는 부동산 개발업을 넘어 개발을 통한 가치 창출을 목표로 하고, 그 가치 창출 안에 라이프스타일이 있기 때문이다.

부동산개발업 대표라 하면 시중의 스몰 브랜드나 사업자에게는 큰 관심이 없을 지도 모르겠습니다. 작은 동네도 많이 가나요?

아주 많이 갑니다. 상수동, 망원동, 연남동, 해방촌, 경리단길 다 다니죠. 최근 본 곳은 해방촌 잠수교집과 야채가게였습니다. 명퇴한 직장인들이 음식점을 냈어요. 요즘 젊은 세대는 해외 경험도 유학 경험도 많은데 대기업 취업하고 싶지 않아서 자기 업을 시작해요. 그렇게 제대로 하는 친구들에게 비즈니스적인 게 가미되면 굉장히 일취월장해요. 그게 사업적으로 지속 가능한 모델이 되게 하고 있는 단계 같아요.

"예쁘다. 잘 했네." "이것도 한국에 들어왔어?" 싶었던 곳들이 3년 안에 없어지는 모습을 많이 목격했습니다. 개별 사업자를 존경하지만, 동시에 이제는 아무리 좋아도 당장 평가할 수는 없다고도 생각합니다.

저도 돈을 많이 안 들이고 본질에 집중해서 잘하는게 진짜 잘하는 거라고 생각해요. 그런 분들을 감탄하며 지켜봅니다. 성수동의 재즈 공연장 포지티브 제로 라운지 Positive Zero Lounge가 그래요. 이분들 인스타그램만 봐도 얼마나 본질에 집중하는지 알 수 있어요. 이분들은 자기 공간을 통해 재즈의 외연을 넓히고 있습니다. 그게 성수동이니까 가능한 걸까 싶기도 해요.

최근 네오밸류가 개발한 앨리웨이 광교가 화제입니다. 한국의 상식적인 입지 조건과 앨리웨이 광교의 입지는 조금 다릅니다. 그런데도 앨리웨이 광교의 입지를 정한 이유는 무엇인가요?

입지 좋은 땅과 아닌 땅 중 선택하라고 하면 당연히 저도 좋은 땅을 고르겠죠. 저희는 상업이나 유통 회사가 아니라 개발회사에요. 주어진 땅을 개발하는 일을 합니다. 이 땅은 당연히 입지 면에서 단점이 있고, 그 입지를 극복할 방법을 고민해서 상품을 기획했습니다. 상업을 안 해도 되는 땅이었다면 앨리웨이를 하지 않았을 거고, 상업이 아니라 주거 오피스텔 복합용지였다면 또 그 조건에서의 최적의 상품을 고민했을 겁니다. 중요한 건 가치를 제대로 만들겠다고 생각하는 겁니다. 예를 들어 지금 성수동에는 오피스를 만들려 합니다. 그때도 어떻게 하면 제대로 된 것을 할까, 남들이 다 하는 똑같은 것 말고 어떻게 다르게 잘 할 수 있을까 생각합니다.

똑같은 걸 하지 않을 때 발생하는 시행착오 비용이 있지 않나요?

많죠. 하지만 저희는 엄청 스케일이 큰 일을 하고, 잘 되면 수익도 아주 커지는 일을 하는 회사입니다. 일반 제조업도 매출의 5~10%까지는 R&D에 투자합니다. 이렇게 스케일 크고 수익도 많은 사업을 하면서 R&D에 투자하지 않는 건 말이 안 됩니다. 시행착오 비용을 R&D라 여기고요. 대신 그 과정을 통해 노하우와 확실한 교훈을 쌓죠. 처음부터 핵심 역량을 가진 회사가 있겠습니까. 시행착오는 역량을 쌓아 나가는 과정이라고 생각합니다.

네오밸류에게 제대로 된 개발은 무엇인가요?

부동산 개발은 사람들이 필요한 공간을 만들어주는 겁니다. 가치가 있는 공간이라면 사람들에게 필요한 공간이 되고, 좀 더 나아가 삶이 좀 더 풍요로워지는 공간이 될 수 있겠죠. 상업시설은 활성화되지 않으면 죽는다고 해요. 식물로 치면 개발은 나무를 심는 거고 개발의 완성은 관리입니다. 식물을 가꾸듯 저희가 운영해야 한다는 결론에 닿았습니다. 활성화되는 상가와 분양이 잘 되는 상가는 애초에 다른 상품입니다. 그래서 목표를 수정했습니다. 분양만 잘 되는 상가 말고 활성화되는 상가를 만들기로요.

어떻게 하면 활성화되는 상가가 만들어지나요?

건축 계획부터 바뀌어야 했습니다. 다양한 입주사가 들어와야 했고요. 그러려면 입주사를 머천다이징(이하 MD)해야 했습니다. 분양 상가에는 사실상 MD가 없어요. 각 상가의 주인은 당연히 자기 상가에 임대료 많이 낼 사람을 찾습니다. 그러면 임대료를 감당할 수 있는 부동산 밖에 없는 곳이었다가 부동산마저 떠납니다. 이게 신도시 상가의 전형이에요. 그렇게 되면 다 같이 피해를 봅니다. 그래서 MD가 있어야 한다고 판단했습니다. MD는 결국 콘텐츠입니다. 기획된 콘텐츠가 구현되어야 해요. 그래서 우선 '임대 매칭 서비스'라는 걸 시작했습니다. 상가가 활성화되려면 MD 기획을 해야 하는데 임대를 맞추려면 개발 소유자들이 저희에게 본인들의 상가부동산을 맡겨야 해요. 그래서 저희가 '비용을 들여 임대료를 맞춰주겠다'고 한 거죠. 그렇게 해 보니 개발 소유자들이 알아서 하는 것보다 우리가 MD를 구성해 임대를 채우는 게 훨씬 나았습니다. 그런데 그것만으로는 부족하더군요. 앵커 테넌트 anchor tenant가 들어와야 했어요.

스타벅스처럼 사람들을 모으는 주요 상업시설 말이군요. 앵커 테넌트에도 문제가 있나요?

앵커 테넌트는 특정 소유주가 아니라 상가 전체를 위해 필요합니다. 보통 임대료를 낮게 내고 넓은 면적을 씁니다. 전체를 위해 자기 임대료를 낮게 받으면서 앵커 테넌트를 받아줄 상가 소유주는 없습니다. 임대료가 낮지 않으면 앵커 테넌트가 들어오지 않고요. 임대료를 똑같이 맞추는 MD 구성의 한계였습니다. 위례 2차와 구리에서는 전략을 바꿨습니다. '앵커 테넌트 시설은 우리가 보유하고 나머지를 분양하자.'는 걸로요. 분양된 상가 부동산의 수익률을 맞춰 줘야 하니까요.

일이 복잡해졌네요. 상가 부동산 분양도 하고, MD도 하고, 일정 부동산 물량은 보유하기도 하고요.

이 모든 목적은 상가 활성화에요. 상가 소유자가 임대료를 받으려면 임차인이 장사가 되어야 하고, 장사가 된다는 건 이용자 입장에서는 쾌적한 상업 시설이 생기는 거고, 개발 회사는 또 분양해서 돈을 벌고요. 모두 좋은 구조를 만들고자 했습니다.

앨리웨이 광교는 이 모든 경험의 총체일까요?
앨리웨이 광교의 입지적 특성은 개발 입장에서는 단점입니다. 우리는 후발 주자였어요. 이미 근린 상가가 많았던 데다 아울렛에 백화점까지 예정되어 있었습니다. 여기서도 구획을 나눠서 일부는 보유하고 일부 분양하면 활성화라는 목적을 달성하기 힘들 것 같더군요. 그냥 쇼핑몰이 아니라 일종의 센터를 해야겠다는 결론에 닿았습니다. 아예 분양하지 말고 보유하기로, 나중에 팔더라도 일단은 전체를 완성시키기로 했습니다. 앨리웨이 광교는 매입부터 완성까지 5년이 걸렸어요.

그 5년 동안 밀도처럼 특색 있는 베이커리를 인수했고요.
강남 세곡지구 개발 작업 이후 상업 시설 활성화를 쭉 해오면서, 활성화에는 콘텐츠가 중요하다고 생각하게 됐어요. 콘텐츠를 기획하고, 좋은 콘텐츠를 관리하려면 개발사도 콘텐츠를 이해해야 했습니다. 이해를 하려면 우리가 다 직접 해봐야겠다 싶었어요. (좋은 콘텐츠에 대해) 1년 정도 준비해서 하나는 인수하고, 기왕 할 거면 우리가 앞으로 만들 상업시설에 들어왔으면 싶은 카테고리를 하자. 그래서 베이커리를 생각했습니다.

베이커리 중에서도 밀도를 선정한 이유는 무엇이었습니까?
장인정신과 철학에 기반해 제대로 된 상품을 제공하는 업체를 원했습니다. 고객 입장에서 대가를 지불할 만큼의 가치가 있는 상품을 만들어야 했습니다. 거기 더해 확장 가능해야 했고, 업체를 매각할 의사도 있어야 했습니다. 밀도는 마침 더 크게 사업을 전개 하고 싶어 했는데 그만큼의 여력 자본은 없어서 네오밸류가 인수했습니다. 대신 창업자가 업체를 팔고 떠나면 (콘텐츠로의) 의미가 없습니다. 회사에 들어오셔서 베이커리 사업을 키워가야죠. 그런 매칭이 되어 이번에 밀도 창업주가 베이커리 부문 사장이 되셨습니다.

롯폰기 힐스를 답사한 사람은 많지만 롯폰기 힐스처럼 성공한 곳은 많지 않다고 했습니다.
그 개발 사업 자체가 아주 훌륭해서라기보다는, 롯폰기라는 지역이 롯폰기 힐스 Roppongi Hills라는 개발 사업으로부터 시작해 완전히 탈바꿈한 지역이기 때문입니다. 그런 걸 해보자는 의미에요. 그 사업을 진행한 회사가 모리 빌딩 컴퍼니 Mori Building Company, Ltd(이하 모리)입니다. 일본의 미쓰이 같은 곳이 한국의 신세계나 현대건설 같은 회사라면 모리는 딱 저희 같은 디벨로퍼입니다. 부동산 중개 회사로 시작해 개발 회사로 성장했는데 지금은 일본에서 가장 많은 부동산을 개발하고 소유하고 운영하고 있고요. 모리 역시 그 전에 아크힐즈 ARK Hills같은 프로젝트를 진행했고, 롯폰기 힐스를 통해 엄청나게 성장했습니다. 롯폰기 힐스에는 모리의 철학이 반영되어 주거, 상업, 업무, 문화가 복합되어 있습니다. 주거는 일부 분양하고 임대 주택도 운영하고 상업, 업무, 문화지구는 보유해서 운영합니다. 빌딩이 나무라면 그걸 심고 계속 관리하고 운영해 해당 지역을 완전히 탈바꿈시켰어요. 그 이후에는 롯폰기 미드타운 등의 여러 프로젝트가 같이 생기며 그곳이 일본에서도 아주 살기 좋은 동네가 되었습니다. 그런 프로젝트는 아직 한국에 없고, 그 이유는 하나뿐입니다. 그걸 정말 해야겠다는 의지로 진행하는 회사가 아직 없기 때문이에요.

네오밸류가 다른 부동산 디벨로퍼와 다른 점 역시 회사 혹은 CEO의 철학입니까?
다른 점은 많죠. 모리처럼 할 수 있는 회사가 아직 없는 또다른 이유는 운영이에요. 롯폰기 힐스 같은 걸 하려면 첫째, 운영 능력이 있어야 해요. 운영을 해보지 않으면 그런 상품을 절대 만들 수 없어요. 모리도 첫번째 프로젝트였다면 절대 롯폰기 힐스를 만들지 못했을 겁니다. 그 전에 오모테산도 힐스 Omotesando Hills를 비롯해 여러 프로젝트를 진행하며 내부에 노하우를 쌓은 거죠. 운영 능력을 기반으로 둘째, 상품을 기획하는 능력을 가져야 합니다. 세 번째로 자본이 있어야죠. 아직 한국은 운영형 부동산 개발 모델에 큰 자본이 들어가 성공한 사례가 없으니 아직은 개발이 덜 이루어지고 있습니다. 앞으로는 달라질 거라 생각해요.

앨리웨이가 운영형 부동산의 성공 사례라고 볼 수 있겠군요.
'앨리웨이를 잘 운용해 활성화시켜서 (디벨로퍼가) 엄청난 돈을 번다'를 목적 삼는다면 아마추어입니다. 그렇게 할 수 없어요. 그걸 알면서도 앨리웨이를 한 이유는 상업시설이 잘 되는 게 단순한 상업이 아니기 때문입니다. 상업시설이 활성화되면 살기 좋은 동네가 되고, 그러면 누구나 살고 싶은 곳이 되고, 그러면 부동산 가치도 오르겠죠. 그런 사례를 만들고 싶었어요. 저희가 이런 사례를 실제로 보여주면 자본이 움직일 거고요.

거기 더해서 상업시설 콘텐츠 운영이나 기획, 실무를 해본 걸 수도 있겠네요.
운영 노하우를 익히고 상품을 기획하는 방법을 갖추고 있죠. 엄청난 시행착오를 겪으면서요. 지금 광교뿐 아니라 인천에서도 크고 작은 일들을 합니다. 그 일을 하는 사람들이 모여 조직이 갖춰지고, 그 안에서 핵심 역량이 쌓이는 중입니다. 이러면 근본적인 차이가 생깁니다. 우리의 업에 대해 남들과 다르게 생각하니까요. 보통 부동산 개발을

'건물 잘 지어서 분양해서 돈 버는 일'이라 생각합니다. 우리는 우리의 업이 '사람들이 좀 더 살기 좋고 풍요로운 도시 공간을 만들어서 부동산 가치를 올리는 일'이라고 생각합니다. 업에 대한 정의가 다르니 출발이 달라요. 그걸 잘 하려 하니 생각, 상품, 표현 방식이 모두 다릅니다. 그렇게 제대로, 장인 정신으로 열심히 하면 과정과 결과물이 다르겠죠. 남들과 달라지려 한 게 아니라 우리의 일이 무엇인지를 우리 방식으로 정의한 겁니다. 그러니 자기답고, 본질적으로 다를 수 있겠죠.

최근까지의 콘텐츠는 현실 세계의 사람들을 움직이게 하고 특정한 곳으로 모이게 하는 역할을 했습니다. 이제 코로나 때문에 사람들이 오프라인 공간을 이용하는 개념이 변할 수도 있겠다고 생각합니다. 이번 일이 앞으로의 상업 부동산 산업에 영향력을 미칠까요?
당연히 미치겠죠. 그런데 원래 그 방향으로 가고 있었습니다. 그 영향력의 방향이 코로나 전에는 없었던 것도, 이 사태로 방향이 선회한 것도 아니에요. 기술이 점점 발달하며 목적형 구매는 다 온라인 구매가 되고, 밥도 배달 앱으로 시켜 먹게 됐죠. 이번 일로 그 흐름이 좀 더 앞당겨지고 강화한 겁니다. 비대면이 늘어나지만 대면이 사라지지는 않을 거예요. '컨택트'는 말 그대로 진짜 만나야만 달성되는 것에 집중되고, 그건 더 늘어나겠죠.

현재 앨리웨이의 성과에 만족하시나요?
앨리웨이는 나무 하나를 심은 건데 제 목표는 큰 아름드리 나무를 만드는 겁니다. 아직 시작이고 저는 가능할 거라 생각해요. 약 5년 정도를 목표로, 지금보다 훨씬 힘있고 집객이 되는 개발을 하고 싶어요. 브랜드들이 들어가고 싶은데 그러기 쉽지 않은 곳이 되어야 합니다. 앨리웨이는 유동 인구가 많은 서울이 아니고, 이곳은 쇼핑몰이 아니라 라이프스타일 센터로 만들어졌습니다. 그래서 체류시간보다는 재방문율을 봐요. 여기 또 와도 충분히 재미있고 즐길 거리가 많은지가 중요합니다. 지표 등의 숫자도 중요하지만 오신 분들이 '여기 살고 싶다' '여기 사는 사람들은 좋겠다' '요새 광교가 좋다' '앨리웨이 때문에 광교가 좋아졌다' 같은 이야기를 해 주시는 것도 중요합니다.

디벨로퍼라는 일의 궁극적인 정의도 있을까요?
사람 중심의 도시 문화를 만들 때 하나의 프로젝트 단위로는 문화를 구현할 수 없어요. 하지만 진정성을 갖고 특정 지역에 프로젝트를 쌓다 보면 문화를 만들 수 있다고 생각해요. 그러면 그게 입지가 됩니다. 많은 사람들은 만들어진 입지에 편승하는 법을 생각하지만요. 롯폰기 힐스 역시 만들어지기 전에는 개발 전의 삼각지 같은 곳이었는데 지금은 고급스럽고 살기 좋은 동네가 됐죠. 디벨로퍼의 궁극적인 꿈은 살기 좋은 곳을 만드는 것, 결국 입지를 만드는 것입니다.

입지를 만들어가는 과정에서 숍들도 역할을 하나요?
굉장히 큰 역할을 하죠. 개발은 건물 신축이라고 생각하는데 저는 그렇게 좁게 생각하지 않아요. 주어진 환경에 따라 개발의 정의가 달라지고, 어떤 곳은 기존의 거리에 새로운 가게가 들어서기만 해도 개발이 되죠. 예를 들면 애플 스토어도 하나의 입지입니다.

숍이라는 인위적 입지가 상업시설 부동산 시세에도 영향을 미칠까요?
이미 그런 현상이 일어나고 있어요. 예전에는 대로변 트래픽 많은 곳의 부동산이 비쌌어요. 잘 보이는 곳, 유동인구 많은 곳, 대로변 등 부동산 자체의 입지로만 판단됐어요. 그런데 요즘 성수동이나 서교동이라면 대로변의 멋없는 곳과 한 블록 뒤의 골목 중 임대료가 같아도 누군가는 뒤로 갈 거예요. 대로변이나 유동이 많은 곳에서 매력이 구현되지 않는 콘텐츠도 있거든요. 입지의 정의가 바뀐 거예요. 콘텐츠의 종류와 힘이 점점 중요해지는 겁니다. 사람들이 찾아오게 만들어서 전통적 입지의 조건을 극복하는 콘텐츠가 있을 수 있죠. 매력이라는 게 대로, 유동성, 가시성이 아니라 다른 곳에 있을 수도 있는 거고요. 그렇게 다른 가치를 더 적극적으로 올릴 수 있다면 실제 부동산 가치가 낮은 곳에서 자기 가치를 올릴 수 있겠죠.

Taijip Kim
Chris van Duijn

김태집
간삼건축 Gansam Architects 대표

크리스 반 두인
OMA 파트너 건축가

2020년 2월 문을 연 갤러리아 광교는 해외 건축 잡지에서도 화제가 되었다. 겉모습부터 파격적이었다. 실제 석재의 패턴을 14만장의 타일로 표현해 땅에서 바로 솟아난 느낌을 주었다. 더 파격적인 건 실내에 자연광이 들어온다는 점이었다. 보통 백화점은 고객을 쇼핑에 집중시키기 위해 밖이 보이는 창문을 만들지 않는다. 갤러리아 광교는 반대였으니 국제적인 화제가 될 만했다. 실제로 갤러리아 광교는 코로나19가 한창인 2월 말에 문을 열었음에도 열자마자 화제가 되었다. 갤러리아 광교라는 흥미로운 건축물을 만들기 위해 두 나라의 건축 사무소가 함께 했다. 렘 쿨하스가 이끄는 건축사무소 OMA가 전체적인 초기 콘셉트를 만들었다. 한국을 대표하는 건축사무소 중 하나인 간삼건축이 기본설계 이후의 실무를 주도했다. 갤러리아 광교는 한국과 네덜란드 건축의 교류이기도 하다. 갤러리아 광교는 여러 모로 전례가 없던 콘셉트의 건축물이다. 빛이 들어오는 백화점 건축, 신도시의 랜드마크를 꿈꾸는 백화점 건축은 모두 한국에서 유례 없었다. 이 프로젝트를 총괄한 한국과 네덜란드 건축가의 이야기를 주목한 이유다.

갤러리아 광교는 보통 백화점보다 더 많은 생각과 공정이 들어갔을 것 같습니다. 보통 백화점 건축 난이도를 100이라고 치면 갤러리아 광교의 건축 난이도는 얼마나 되었습니까?

(이하 김태집) 설계와 시공을 모두 포함해 300 정도로 생각합니다. 전무후무한 디자인을 구현하기 위해 한국에서는 시도된 적도 없는 공법들이 처음으로 검토된 경우가 많았습니다. 모자이크 패널과 3D 커튼 월 등이 그 예입니다. 이러한 공법은 건축구조계획과 맞물려 있기 때문에 서로 지속적으로 의견을 나누면서 디자인을 구현해야 합니다. 초기의 디자인은 개념적인 이미지에 가까웠습니다. 실제 검토 단계에서는 시간과 비용의 한계 속에서도 최대한 원안을 유지하기 위해 노력했습니다만, 그래도 너무 크게 그려졌던 부분을 줄이는 등의 수정이 진행되었습니다.

건축이 완료된 지금, 갤러리아 광교의 의미를 자평한다면 어떤가요?

갤러리아 광교는 단순히 손님을 모으거나 브랜드를 유치하는 백화점에 그치지 않고, 다양한 모습으로 고객에게 다가가고자 했습니다. 이곳은 때로 영화관, 미술관, 박물관이 되고, 산책로와 전망대와 쉼터가 됩니다. 트렌디한 제품이 모인 쇼룸과 맛있는 식당이 있는 지역의 명소도 될 수 있습니다. 이렇게 손님이 이용하는 모든 공간과 매장 곳곳에서 쇼핑, 오락, 산책, 휴식 등 다양한 활동이 가능하도록 건축물 안에 열린 공간을 반영했습니다. 이 공간은 추후 고객의 수요와 트렌드에 맞게 변화할 수도 있습니다. 이 모든 활동이 건물의 외부 디자인과 내부의 콘텐츠에 모두 드러나도록 계획했습니다.

갤러리아 광교는 네덜란드의 OMA와 작업했습니다. 이런 프로젝트에서 해외 건축사무소와 국내 건축사무소의 역할 분담은 어떤 식으로 이루어집니까?

프로젝트마다 해외 건축사무소와 국내 건축사무소의 역할이 조금씩 다르게 구성될 수 있습니다. 갤러리아 광교는 OMA가 초기 콘셉트 디자인을 리드했습니다. 기본 설계는 한국의 현황을 고려한 수정과 보완이 필요합니다. 그러므로 간삼건축과 OMA가 서로 도와서 구축해 나갔습니다. 기본설계 이후의 실시 설계(기본 설계 단계에서 결정된 설계 기준 등의 제반 사항에 따라 기본 설계를 구체화하여, 실제 시공에 필요한 내용을 설계 도서 형식으로 충분히 표현하여 제시하는 설계 업무)에서부터는 간삼건축이 리드했습니다.

OMA는 아시아와 한국의 건축에 대해 얼마나 이해하고 있었으며, 간삼건축에서는 OMA에게 무엇을 알려주었습니까?

OMA는 그들 자신이 추구하는 건축 언어를 실현하고자 하는 의지가 강했습니다. 동시에 한국 백화점에도 고유의 특징이 있습니다. 한국의 백화점은 콘텐츠가 1순위이고 공간은 2순위입니다. 한국만의 기후 조건과 한국산 재료의 물성에도 고유한 특징이 있습니다. 이런 부분에서 간삼건축의 노하우를 공유하며 긴밀하게 협업해 서로의 장점을 극대화시켰습니다. 이 건물의 외벽 공법에서 가장 핵심적인 기술은 3D 커튼 월과 외벽 석재 패널입니다. 이 부분을 디자인 원안에 가깝게 풀어내는 과정에서 OMA가 해당 공법의 기술 정보 등을 공유해 주었습니다.

보통 사람에게도 알리고 싶은, 이 건물의 가장 자랑스러운 부분은 어디입니까?

비정형 커튼 월로 이루어진 '갤러리아 루프 galleria loop' 입니다. 백화점 안에서 산책로가 되고, 쉼터이기도 하고, 전시 공간이자 놀이터 역할도 합니다. 소비활동을 넘어선 일상을 영위하는 공간이 갤러리아 루프를 비롯한 건물 곳곳에 채워져 있습니다.

앞으로의 백화점 건축에서 중요한 점은 무엇일까요?

다양한 경험과 보이지 않는 가치를 동시에 제공하는 것입니다. 특히 오프라인 매장은 고객과 소통하는 판매시설이라는 기능을 넘어야 합니다. 온라인과 차별화된 오프라인만의 속성을 개발해 인간 활동을 얼마나 잘 반영할 수 있는지가 향후 백화점 및 상업시설 건축의 관건입니다. 백화점은 지역 인프라의 일부가 되어 산책로, 휴식처, 놀이터가 되어야 할 겁니다. 창이 없는 공간에 머천다이저가 만든 콘텐츠를 몰아넣은, 가성비 높은 껍데기처럼 상업 건축물을 운영하던 시대는 지나갔다고 봐도 됩니다. 앞으로의 대형 상업 건축물은 일상적으로든, 혹은 고급스러운 느낌으로든, 무엇이 됐든 언제든지 방문할 수 있는 곳으로 진화해야 합니다. 이미 그렇게 되어 가고 있고요. 동시에 비대면 접촉에서 온라인 접촉으로 넘어가는 거대한 트렌드에 맞춰 오프라인 공간 역시 온라인 플랫폼의 쇼룸이 될 수 있어야 합니다.

OMA가 본 광교의 첫인상에 대해 듣고 싶습니다.
(이하 크리스 반 두인) 처음 광교에 왔을 때 깜짝 놀랐습니다. 모두 똑 같은 빛바랜 흰색 톤의 아파트가 엄청난 규모로 놓인 풍경이라 지리적인 면에서나 사회적인 감각에서나 중심이 없는 곳처럼 보였습니다. 갤러리아 광교를 디자인 할 때의 목표가 광교의 무게중심이 되는 것을 목표한 이유입니다.

건물 안에 빛이 들어온다는 아이디어는 보통의 백화점 건축과는 다릅니다. 이 아이디어는 누가 제안했나요?
차세대 백화점을 위해 저희는 세 가지 프로토타입을 제안했어요. 아주 전통적인 것, 아주 실험적인 것, 그리고 이 두 가지의 최고 요소를 조합한 것이었습니다. 후자는 아주 효율적인 유통 공간과 신선한 공공 산책로인 갤러리아 루프를 조합했습니다. 이 갤러리아 루프가 건물을 대표하는 캐릭터를 세우고, 쇼핑뿐 아니라 공공 기능까지 할 수 있도록 했습니다. 이 절충안에서 저희는 이중 순환 콘셉트를 소개했어요. 전통적인 순환 모델은 중앙의 에스컬레이터로 이루어지고, 갤러리아 루프 중심의 두 번째 순환은 자연광 속에서 주변 풍경을 배경 삼아 유통, 이벤트, 문화 활동이 이루어집니다. 건축주가 이 안을 선택한 후에는 누구도 빛이 들어온다는 아이디어에 의문을 표하지 않았습니다.

OMA는 현재 독일 베를린의 유서 깊은 백화점인 카데베의 리노베이션도 진행하고 있습니다. 해당 프로젝트는 갤러리아 광교와 비교했을 때 어땠나요?
카데베는 이제 전쟁 이후의 재건과 경제적 성공을 의미하지 않아요. 오히려 디지털 혁명 등 여러 요소로 인해 공간의 맥락이 변했다는 사실에 굴복한 것에 가깝습니다. 이건 유럽의 상징적인 백화점들이 리노베이션을 할 때 스스로의 업을 다시 정의하는 이유 이기도 합니다. 런던의 셀프리지스 Selfridges나 파리의 갤러리 라파예트 Galeries Lafayette처럼 성공적인 유럽 백화점들은 전통적인 유통 모델을 버리는 걸 찬성합니다. 반면 아시아는 혁신의 리듬이 다르기 때문에 전통적인 모델을 여전히 아주 성공적인 모델이라고 생각합니다. 우리는 갤러리아에게 이 두 가지 모델을 함께 제안했습니다. 유럽 백화점 연구 자료를 토대로 아시아의 맥락에 통하는 새로운 모델을 찾으려 했다고 할까요.

이런 대형 상업 공간을 만들 때 가장 까다로운 부분은 뭘까요?
프로젝트 안의 모든 비례를 연결시키는 것입니다. 가장 거대한 도시 규모의 비례부터 건물 주변, 건물 안으로 들어가는 보도블록의 비례까지 연결성 있게 계획하는 일인데요, OMA는 우선 석재의 단면을 확대시켰을 때 나타난 패턴을 이끌어내 주변 경관과 어울리는 건물을 디자인했습니다. 패턴을 만들기 위해 가로 세로 길이가 60cm인 14가지 패턴의 화강석을 13만 8,000개 사용했어요. 이 패턴은 눈에 보았을 때도 아름다워요. 하지만 그보다 저희가 집중한 일은 건물이 너무 거칠지도, 너무 매끈하지도 않아야 한다는 점이었습니다. 그 결과 기념비적인 석재 정육면체 건물이 만들어졌지요. 이 건물은 주변 경관과 잘 어울리는 합리적인 형태이면서 장중함을 잃지 않아요. 처음 건물 앞에 서면 스스로 왜소하게 느껴질 수도 있는데요, 하지만 사람들이 들어가는 순간, 스스로가 작아지는 느낌은 사라지고, 고객이 주인공이 되는 놀라운 경험을 할 수 있어요.

백화점은 소비자의 쇼핑 공간인 동시에 사업주의 사업 및 브랜드 임대 공간이기도 합니다. 이런 문제에 대해서도 고민을 거쳤나요?
백화점에서 가장 넓은 부분은 브랜드 매장 권역입니다. 브랜드 매장은 열린 공간에서의 섬 같은 형태이기도 하고 건물 가장자리의 숍인숍이기도 합니다. 각 브랜드는 스스로의 이미지와 판매 활동을 어떻게 보여줄지 확실히 정해둔 만큼 그들이 사용할 공간에 대해서도 아주 엄격하게 요구합니다. 우리가 디자인한 공간은 사실 우리의 건축주가 각자의 기대치를 가진 브랜드에 임대하는 공간입니다. 이 건물의 90%가 관습적인 백화점 건축인 이유입니다. 건축가인 우리가 수백 개에 달하는 브랜드의 기대를 충족시킬 수는 없어요. 그래서 우리는 임대하지 않고 갤러리아가 큐레이션하는 공간, 주로 전면부와 순환되는 공간의 잠재력을 주시했습니다. 물론 어떤 브랜드는 (우리가 만든) 공간의 남다른 상업적 가능성에 흥미를 보이기도 했습니다. 예를 들어 삼성은 갤러리아 루프 공간의 일부를 임대했습니다.

보통 백화점 건축은 카지노처럼 방문자가 시간이 가는 줄 모르도록 디자인됩니다. 빛이 들어오면 방문자가 시간의 흐름을 느낄 수밖에 없을 것입니다. 빛이 들어오고, 시간의 흐름이 느껴지면서도 구매라는 행동에 집중하도록 만든 건축적인 디테일이 있나요?
'빛이 들어오지 않는다'는 상업 건축의 신조를 바꾸고 싶었습니다. 소비를 위해 고객을 자연광으로부터 차단시키는 건 그들을 생각 없는 물체로 가정하는 일입니다. 사람들은 자기가 원하는 때에 원하는 곳에서 물건을 사고 돈을 쓸 수 있습니다. 그렇기 때문에 우리는 유통업자가 고객에게 좋은 환경을 제공하고, 그들을 진지하게 대해야 한다고 믿습니다. 우리에게, 그 믿음을 구현하는 일은 (작더라도) 빛이 드는 공간을 만들고 다른 프로그램이 진행되는 공간을 포함시키는 것이었습니다. 갤러리아 광교의 갤러리아 루프는 자연광이 들어오도록 할 뿐 아니라 몇 가지 유연한 공간을 제공합니다. 그 공간은 상업 공간이 될 수 있습니다. 고객이 각자 다른 가게에 가듯 어느 층에든 직접 갈 수 있다는 점에서 거리와도 비슷합니다. 갤러리아 루프에 머무르거나 중앙 엘리베이터로 메인 상업 공간에 갈 지는 고객에게 달려 있습니다. 다시 말해, 모두가 독립적으로 결정합니다.

ESSAY

공간은 인간의 몸과 마음을 움직이고, 경험을 풍부하게 만드는 데 기여한다. 때때로 한 사람의 기억에 중대한 비중을 차지하고, 스타일을 형성하는 데 영향을 주기도 한다. 숍은 여러 공간 중에서도 일상과 가깝게 소통하면서 영감을 주고, 감각을 일깨우는 목적지 역할을 한다. 서울에 사는 에디터, 칼럼니스트, 건축가가 특정 공간에 얽힌 기억과 이 시대의 상업 공간에 대해 자유롭게 이야기를 전한다.

에디터 김나래

나는 4년째 성수동에서 일한다. 사무실이 성수동에 있다고 하면 "어머, 요즘 제일 '힙'한 동네 아닌가요?"라는 말이 돌아오기 마련이다. 괜히 머쓱해서 지은 지 40년 된 건물의 값싼 임대료에 대해 구태의연한 설명을 늘어놓곤 하지만 성수동이라는 이 동네에 흐르는 무드가 남다른 것은 사실이다. '성수동답다'는 표현이 '브루클린 스타일'만큼이나 명료해졌으니까. 그 무드를 이끄는 힘은 골목마다 자리하고 있는 가게들이다. 규모의 차이도 있겠지만 성격 자체가 과거 명동이나 가로수길에 나타났던 것과는 다르다. 노골적이지 않은 간판과 불친절한 영업시간, 정확히 딱 잘라 무엇을 파는지 말할 수 없는 정체성 등 온갖 모호한 것이 가득하다. 확실한 것은 스타일뿐이다. 성수동에 생겨난 가게는 각각 '어떤 취향'을 대변하고 있다. 때로는 아주 소수의 취향을 말이다. 온라인 쇼핑의 시대가 본격적으로 도래한 건 내가 대학 새내기 때였다. 새 옷을 입은 동기가 "이거 인터넷으로 샀는데, 괜찮지?"라고 말한 기억이 난다. 집 근처에 번화한 상점가나 백화점이 없어도 가장 유행하는 물건을 바로 살 수 있었다. 덕분에 교양 수업을 들을 때 한 강의실에 비슷한 옷을 입은 사람이 서넛쯤 되는 일도 흔했지만 말이다. 나 역시 오프라인에서 물건 사는 법을 잊어버릴 것만 같았다. 그러다 갑자기 소비의 트렌드가 다시 오프라인 매장을 향하기 시작했을 때 퍽 흥미로운 회귀라고 생각했다. 인터넷의 바다에는 없는 게 없지만 우리 눈에는 늘 보이던 것만 보였다. 유명 SPA 브랜드의 세일 소식과 오픈 마켓의 추천 상품이 배너 광고로 깜빡거렸다. 결국 사람들은 취향을 찾아 문밖으로 다시 나서기 시작한 것이다.

성수동의 편집숍 'WxDxH'에는 누군가의 눈엔 쓸모없어 보여도 내 눈엔 사랑스러운 것이 가득하다. 성냥처럼 생긴 히비 Hibi는 인센스다. 단 10분 동안 향을 내고 나면 사라져버린다. 나뭇가지를 태워서 그 연기로 공간을 정화한다는 온도 Ondo의 스머지 스틱도 누군가에겐 허무맹랑하게 들릴 수 있다. 가격도 만만치 않다. 하지만 하나하나 세심하게 선별한 이곳의 물건들을 보면, 누군가 시간과 정성을 쏟은 '편집'의 대가임을 알 수 있다. 결국 이 장소에는 잠깐의 향기를 위해 돈을 지불할 수 있는 취향이 모인다. '밀리언 아카이브 Million Archive'라는 빈티지 숍 역시 재미있다. 어떤 날은 재킷, 어떤 날은 원피스, 어떤 날은 니트만 모아서 한정 기간 동안 판매한다. 같은 물건은 하나도 없고, 원하는 사이즈를 찾기도 만만치 않다. 하지만 이 가게 앞에 줄지어 선 빈티지 마니아들은 기어코 자기 스타일에 딱 맞는 단 하나를 찾아 의기양양하게 가게를 나선다. '수피 Supy' 역시 좋아하는 가게 중 하나다. 그들은 콘셉트 스토어라고 자신의 공간을 지칭한다. 의류나 액세서리, 신발 등 국내외 브랜드의 재기 발랄한 디자인이 가득하다. 다른 곳에서 구경조차 하기 힘든 물건이 대부분이다. 1층과 2층을 기묘하게 분리한 사이키델릭한 분위기의 매장 역시 사람을 홀리게 만든다. 마치 테마파크 같다고 할까. 패션 브랜드 아더 Ader가 성수동 한가운데에 오픈한 플래그십 스토어 '아더 스페이스 2.0 Ader Space 2.0' 역시 인상적이다. 우주복을 입은 우주 비행사가 무중력상태의 공간을 떠다니질 않나, 거대한 오브제를 통해 브랜드 스토리를 알리는 전시 공간이 실제 제품을 전시한 공간보다 비중이 클 지경이다. 가격표와 할인율을 크게 붙여두고, 물건을 하나라도 더 팔기 위해 애쓰는 곳과는 판이하다. 마치 이렇게 말하는 것 같다. "여기는 우리가 누구인지를 말하는 곳이다. 소리, 향기, 시각적 경험, 사진 속에 담기는 독특한 분위기까지 모두 우리 자신이고 브랜드다." 일일이 나열하지 못하는 게 아쉬울 만큼 독특한 숍이 계속 생기고 있다. 어떤 곳은 들어갔다가 고개를 절레절레 흔드며 튕겨 나오기도 한다. 하지만 그건 그리 중요하지 않다. 누군가의 취향엔 맞을 테니까. 길을 걷다 같은 향수를 쓰는 사람을 만나는 시대가 끝났듯이 같은 취향을 나누는 시대도 끝났다. 성수동의 골목골목에 자리한 가게의 문을 하나하나 밀고 들어갈 때마다 소비라면 남부럽지 않게 해본 나조차 취향을 걸음마부터 배우는 기분이 든다. 나는 진짜 무엇을 좋아할까?

글 하경화

'사는 재미가 없으면, 사는 재미라도'라는 슬로건으로 취향을 다루는 리뷰 미디어 '디에디트 The Edit'를 운영하고 있다. 다양한 테크 제품과 기술에 대해 알기 쉽게 풀어내고, 소비 생활의 즐거움을 이야기한다. 유럽의 낯선 도시로 한 달 동안 사무실을 옮겨 전 직원이 근무하는 프로젝트를 진행하고, <어차피 일할 거라면, Porto>라는 책을 출판하기도 했다. 최근에는 제품을 넘어 살아가는 모습에 대한 이야기로 관심사가 옮겨가는 중이다.

패션을 좋아하면서 나와 가장 가까이 있던 것은 동네 '매장'이었다. 이제는 사라진 동대문쇼핑센터의 작은 헌 옷 가게들이 내게는 보물 창고였다. 그곳에서 일하던 한두 살 터울의 형과 누나 점원들과는 옷 말고도 꽤 여러 주제에 관한 이야기를 나누었다(심지어 수능 전날에도 갔다). 이후 고급 기성복 브랜드를 바꾸는 '크리에이티브 디렉터'라는 존재에 관심이 생기면서 그들이 매장을 하나의 문화로 바라본다는 사실을 알게 됐다. 스티븐 스프라우스 Stephen Sprouse와 협업해 그라피티 가방을 만든 루이 비통의 마크 제이콥스 Marc Jacobs가 처음 무라카미 다카시 Takashi Murakami와 협업해 갤러리아백화점의 윈도 디스플레이를 바꾸었을 때 내겐 그 가방을 살 재력이 없었다. 하지만 순수하게 패션을 좋아하는 마음에 말 그대로 온몸에 전율이 일었다. 내가 좋아하는 게 단지 사치품이 아니라, 당대 문화와 개성을 좌지우지하는 거대한 영향력이라는 생각이 들었기 때문이다. 지금은 모든 패션 정보가 온라인 혹은 모바일에 있다. 인스타그램과 틱톡 TikTok 같은 소셜 미디어는 패션 디자이너가 가장 즐겨 찾는 매체다. 이제 사람들은 종이로 만든 패션 잡지를 사면서까지 정보를 얻지 않는다. 단지 손안에 든 기계의 검정 바탕 화면을 몇 번 문지르고 누르면 지구 반대편 패션 위크의 생생한 라이브 컬렉션을 쉽게 볼 수 있다. 기술의 발전이 준 혜택이란 정말이지 굉장하다.

그러나 어떤 면에서 쉽게 찾은 정보는 그만큼 쉽게 잊히기도 하는 것 같다. 가령 내게 가장 인상적인 패션 관련 경험 중 다수는 온라인이 아닌 오프라인, 그중에서도 즐겨 찾던 매장에서 일어났다. 지금은 사라진 한국 남성복 브랜드 중 서상영 Suh Sangyoung이라는 이름이 있다. 나와 띠동갑인 디자이너는 프랑스 파리에서 유학한 후 한국에 들어와서는 어떤 프랜차이즈 매장도 없던, 말 그대로 '가로수'만 존재하던 신사동 가로수길에 작은 매장을 냈다. 2003년 여름인가 가을인가, 처음 그 매장에 방문했을 때 공간보다 유별나게 컸던 새하얀 비대칭 문이 기억난다. 디자이너와 인사를 나눈 뒤로는 그곳을 사랑방처럼 드나들었다. 투명할 정도로 비어 있던 매장에는 시즌에 따라 몇 가지 소품이 걸렸다 사라지곤 했다. 지금도 그 매장에서 가져오거나 구매한 포스터와 기념품, 옷이 집과 작업실 한쪽을 차지하고 있다. 치기 어렸을지언정 가장 순수한 마음으로 패션을 좋아하던 시절의 기억이 그렇게 남아 있다. 요즘 나는 작은 서점을 운영한다. 동대문구 장안동 주택가에 있는 쇼핑센터 듀펠 센터 1층의 책방이다. 옷과 책, 심지어 먹을거리와 가구까지 모바일로 편하게 주문하는 세상에서 문득 오프라인의 작은 공간을 운영하고 싶었다. 지금 서울에 크고 작은 서점은 꽤 많지만, 사적인 서가와 출판물을-그 안에 담은 취향과 이야기를-드문드문 보여주는 작은 서점이 떠올랐다. 한 달 정도 고민해 단출한 인테리어를 마무리하고 1970년대에 나온 김승옥의 소설부터 2010년대에 나온 젊은 작가의 사진집까지, 다양한 헌책과 새 책을 함께 파는 서점 '산책 Bookwalk'을 2019년 봄에 열었다. 종종 서점에 있을 때면 사람들이 들어와서 책을 들추곤 간다. 그럴 때면 어린 시절 숱하게 드나든 옷 가게의 친절한 점원과 디자이너처럼 종종 그들에게 말을 건넨다. "서서 그러지 말고 편히 앉아서 보세요." "이 책을 좋아하신다면 저 책도 마음에 드실 거예요." 서점을 운영하면서 느끼는 가장 큰 보람은 무언가를 판매하지 않더라도, 여전히 나와 비슷하게 책 자체를 좋아하는 사람들이 있다는 사실을 실제로 깨닫는 기쁨이다. 여전히 발품을 팔며 좋아하는 무언가를 발견하는 시간을 즐기는 사람들이 있다. 내게 오프라인 매장의 존재 가치는 이러한 발견과 즐거움에 있다. 누군가 정성 들여 매장을 열고, 제품을 들이고, 그러면서 그 안에 그들 각자의 이야기가 숨을 쉰다. 때로는 그곳을 찾는 사람들과 친구가 되고, 그들이 빚어내는 이야기 일부에 손님이 끼어들기도 한다. 그래서 우리는 매장에 간다.

글 홍석우

삶과 스타일, 그리고 공간에 대한 모든 것을 다루는 온라인 잡지 '더 네이비 매거진 The NAVY Magazine'의 에디터이자 서점 산책의 주인이다. 스트리트 패션이라는 용어가 익숙하지 않던 2000년 초반 무렵부터 직접 운영해온 블로그 '유어보이후드'를 통해 서울과 패션에 관한 생각을 소상히 전해왔다. 현재는 패션을 넘어 삶의 전방위에 걸친 스타일을 찾고, 그와 관련한 다양한 프로젝트를 진행하는 데 열중하고 있다.

1994년 경상남도 창녕군 영산면, 오일장 공터 옆에는 동네 아이들을 상대로 쥐포와 과자 그리고 저질 완구 등을 파는 '동명상회'라는 점방이 있었다. 주인장은 60대 노인으로 봉고차 운전석 시트를 개조한 의자에 앉아 아이들을 상대했다. 그의 첫째 아들은 일찍이 서울 유학길에 올라 박사 학위를 받았다고 한다. 자랑스러운 장남의 이름은 김이구. "우리 이구가 말이제…"를 입에 달고 다니던 동명상회 주인장에게 시샘이 난 몇몇 동네 어른은 이구의 어릴 적 별명인 이구십팔을 빌려 주인장을 '이구십팔 할배'라고 조롱했다. 그때마다 역정을 내는 할배의 모습이 재미있었는지 그 유치한 놀림에 동네 아이들까지 가세하기 시작했는데, 결국 동명상회는 본래 이름은 잊히고 '이구십팔'이라고 불렸다. 이구십팔 할배는 시골 점방 주인치고 장삿속이 좋았다. 여름엔 빨간 대야에 밀키스와 맥콜을 얼음과 함께 가득 담아 길가에 내놓았고, 겨울엔 연탄 화로를 가져와 쥐포를 굽거나 '쪽자(달고나)'를 해 먹을 수 있게 했는데, 아이들은 그 뻔한 수법에 여지없이 걸려들곤 했다. 달고나 제작에 집중하다 무릎 안쪽을 연탄 화로에 태워 먹은 아이들 클럽이 따로 있을 정도로 인기가 많았는데, 나도 그 클럽 멤버 중 한 명이었다. 이구십팔 할배는 단골 관리 능력도 탁월했다. 점방에 자주 들르는 아이들에게는 별명을 붙여 얼굴을 익혔는데, 별명 없는 아이를 찾기가 어려울 정도였다. 매일 크림빵을 사 먹던 우리 형 한열이는 빵열이로 불렸고, 쥐포만 사 먹던 애는 쥐박령, 소시지를 잘 굽던 친구는 도살장 같은 과격한 별명이 대부분이었다.

이구십팔은 그 구조가 매우 특이했다. 폭 1.2m 되는 좁은 골목을 길게 마주한 장방형의 단층 개량 한옥으로, 공간 전체에 층층이 매대를 쌓고 군것질거리를 진열해 골목에서도 물건을 집을 수 있게 만들었다. 마주하고 있는 골목에는 천장이 있었는데, 슬레이트 지붕으로 조악하게 엮어놓아 그 틈새로 어두운 가게 안 군데군데 빛이 쏟아져 들어오곤 했다. 이런 희한한 구조 덕분에 이구십팔을 그냥 지나치는 아이가 없었다. 그렇게 연탄불 주변은 아이들의 아지트가 되었다. 골목 위에 집을 지은 건지, 집 안에 골목이 만들어진 건지 지금도 도통 모르겠다. 이구십팔에서 멀지 않은 곳에는 '77문구점'이 있었는데, 2층짜리 양옥 건물 1층으로 쇼윈도가 있어 신상 장난감이 수시로 바뀌는 풍경을 볼 수 있는 그야말로 신상 점방이었다. 학교를 마치면 콧물이 두 뺨을 번갈아가면서 때릴 정도의 속도로 뛰어가 손가락에 침을 묻혀 유리창에 연신 찍어대면서 "찜뽕"을 외치던 '찜뽕 스폿'이기도 했다. 77문구점도 여느 학교 앞 문구점과 다를 바 없이 군것질을 필두로 아이들의 호주머니를 겨냥하는 전략을 펼쳤다. 하지만 아이들의 아지트는 변함없이 이구십팔이었다. "이구십팔 일주일 끊으면 77문구점 가서 장난감 하나 산다"는 자기 계발서 스타일의 유행어가 돌기도 했으나 실천하는 아이는 극히 드물었다. 이글이글 타는 연탄불에 축축한 소시지를 올려놓고 껍질이 부풀어 올라 바삭해질 때쯤 호들갑스럽게 들어 올려 한 입 베어 먹는 그 맛. 끊을 수 없는 그 맛은 100원이면 가능했기 때문이다.

그러나 영원할 것 같던 이구십팔에도 변화의 바람이 불었다. 이구십팔 할배가 늦은 새장가를 간 뒤로 낯선 아주머니가 봉고차 의자에 대신 앉아 있는 날이 많아지면서부터였다. 안팎의 경계가 없던 건물에 유리 파사드가 생겨 점방이 따뜻해졌으나, 특별했던 골목은 그냥 골목이 되었다. 작은 변화였지만 아이들은 예민하게 반응했다. "쥐포가 더는 옛날 그 쥐포가 아니다"라는 말이 나오더니 "내 돈 내고 내가 사 먹는데 응대가 불친절해서 영 안 내킨다"는 이야기가 떠돌았다. 변화의 바람은 거침이 없었다. 불량 식품이 하나씩 사라지더니 급기야 연탄불이 없어지고 호빵 기계가 대신 자리를 잡았다. 쭈뼛쭈뼛 서서 호빵을 먹는 아이들 뒤에 멍하니 서 있던 도살장의 얼굴을 잊을 수가 없다. 갈 곳을 잃은 도살장은 재주마저 빼앗긴 탓에 다시 원래의 이름으로 돌아갔고, 다른 아이들도 뿔뿔이 흩어졌다. 수요가 있으면 공급이 있는 법, 이구십팔을 본뜬 몇 개의 점방이 생겨나 흩어진 아이들을 다시 모았다. 도살장 역시 연탄 화로가 있는 새로운 점방에 자리를 잡았다. 저학년 아이들은 "옛날에 이구십팔에서는 말이다…"를 늘어놓는 도살장의 끝나지 않는 연설을 매번 들어야 했다. 하지만 그의 소시지 맛은 천하제일이었기 때문에 그 시간을 충분히 견딜 수 있었고, 그렇게 이구십팔의 전설은 후대에 전승됐다.

글 윤한진

2013년에 설립한 '푸하하하 프렌즈 건축사무소'의 공동소장으로 협소 주택부터 시작해 복합 문화 공간, 사옥 등 다양한 건축적 스펙트럼을 세상에 펼쳐 보이고 있다. "평범한 환경에서 특별히 모난 것 없이 자랐으나 부모님의 과도한 칭찬에 천재로 착각하며 어린 시절을 보냈다. 중학교 시절 싸움 잘하는 친구에게 빵을 맞은 뒤로 쭈그러져 살다가 대학 진학 후 여자 친구를 사귀며 극복, 이후 승승장구했으나 트라우마가 남아 친구가 옆에서 손을 들면 몸을 움츠리는 습관이 있다"고 자기소개를 하는 것에서 짐작할 수 있듯, 곳곳에 유쾌한 정신이 스며 있는 공간을 만드는 것이 목표다.

생활철학이랄까, '그래, 이렇게 사는 게 좋은 거야' 하고 자주 생각나는 말이 있다. "이야기 속에 살아라." 석학 이어령 선생이 인터뷰 중에 한 말씀이다. "돈이며, 명예며, 남들이 정해놓는 성공의 기준 속에 살지 않고 이런저런 소동도 겪고 모험도 하며, 소소한 이야기 속에 둘러싸여 살아야 행복한 사람이다"라는 의미다. 듣는 순간 바로 마음에 와 박혔다. 화장실이 밖에 있는 한옥에서 두 번이나 살았던 것도 그 조언 덕분이다. 부작용도 있다. 이야기가 없는 것 같은 집이나 공간에는 영 매력을 못 느끼는 것이다. 이를테면 편식이 심해진 건데, 아무리 유명한 건축가나 인테리어 디자이너가 참여했다고 해도 주인의 취향과 개성이 느껴지지 않으면 호기심이 일지 않는다. 숍도 마찬가지다. 맥시멀리즘, 미니멀리즘 같은 동시대의 트렌드와 규정에 안전하게 둥지를 튼 곳에는 매력을 느끼지 못한다. 내게 재미있고 매력적인 숍을 판단하는 기준은 단 하나, 얼마나 퍼스널리즘 personalism이 조화롭게 내려앉아 있는지다. 이 단어는 윤리학 용어이기도 한데, 그 뜻을 들여다보면 숍을 준비하는 사람들이 좌표로 삼아도 될 정도다. '자각적이고, 자율적인 인격을 최고의 가치로 여기는 입장'. 인격이라는 단어가 다소 거창하지만 인격 대신 판단 혹은 결정이라는 단어를 넣으면 더없이 맞춤한 의미가 된다.

성수동에 '제일식당'이라는 곳이 있다. 주점이라고 해도 무방할 것 같은데, 이곳 구조가 특이하다. 오른쪽으로만 긴 테이블을 배치하고, 전체 공간의 3분의 2쯤 돼 보이는 왼쪽 공간은 텅 비워놨다. 그 넓은 공간에는 새끼손가락 높이의 아주 작은 금속 조형물 몇 개만 덜렁 놓여 있다. 또 어떤 날은 빈티지 스피커가 자리를 잡고 훌륭한 재즈 사운드를 들려준다. 메뉴판은 한지이고, "한국 와인은 맛이 없다고 하시는 분들이 많은데, 저는…" 하면서 우리 땅에서 익은 두 종류의 와인을 제안한다. 연기자를 꿈꾸며 열심히 배우의 길을 두드리는 중이기도 한 주인의 철학은 인스타그램으로 띄엄띄엄 공유되곤 하는데, 이 말이 인상적이었다. "연기할 때 백지인 사람이 좋다고 생각합니다. 무엇이든 그려낼 수 있기에." 평창에 가면 음악 감상실이자 카페인 '이화에 월백하고'에 꼭 들른다. 이곳은 퍼스널리즘의 맥시멀리즘이라 할 만한 곳이다. 사장님이 직접 만든 조명, 돌담, 의자, 나무 트레이와 함께 그가 좋아하는 것들, 이를테면 정경화·김환기·무라카미 하루키·알베르토 자코메티·시·그림엽서·음반·창호 문이 조화롭게 어우러져 있다. 화장실에는 박수근 화백의 사진과 함께 신문에서 오려 빨간 테이프로 붙여놓은 글귀도 보인다. "농업 홀대한 나라가 선진국 된 사례 없다." 이런 곳에 가면 이야기가 끊이지 않는다. 그가 좋아하는 것들에 내가 좋아하는 것들을 포개기만 하면 자연스레 풍성한 시간이 만들어진다. 리테일 숍은 스타일의 격전지가 아니다. 내가 믿고 좋아하고 가치 있다고 생각하는 생활철학의 격전지다. 그런 것들이 없는 숍은 이야기가 없는 사람처럼 영 밍밍하다.

글 정성갑

공예가 및 아티스트와 협업해 생활 속에 꼭 필요한 물건이자 작품을 만들고 소개하는 한 점 갤러리 '클립 Clip'의 대표다. '좋은 것 하나씩'을 캐치프레이즈로 사람들의 일상에 소중한 쉼표 역할을 할 그림과 조각, 공예품을 제안한다. 최근 두 번의 아파트와 두 번의 한옥, 한 번의 빌라를 거쳐 서촌에 협소 주택을 짓기까지의 모험담을 담은 <집을 쫓는 모험>을 펴내기도 했다. 월간 <럭셔리>와 네이버 디자인판을 운영하는 '디자인프레스'에서 컬처 에디터와 편집장으로 20년 가까이 일했다.

MY FAVORITE

각양각색의 분야에서 활동하는 크리에이터들이 도시나 동네를 막론하고 즐겨 찾는 숍을 추천했다.

에디터 신희원, 한동은

Gengenan

겐겐안

by 야기 다카히로 Takahiro Yagi·카이카도 Kaikado 대표

—

일본의 전통문화를 주제로 한 다양한 시도로 유명한 크리에이티브 디렉터 마루와카 히로토시 Hirotoshi Maruwaka가 오픈한 차 전문점. 전통차를 즐기는 현대적 방법을 제안하는 프로젝트로 시작한 공간이다. 다도 전문가 마쓰오 슌이치 Shunichi Matsuo와 마루와카가 협업한 티 브랜드 엔 티 En Tea를 즐길 수 있으며, 텀블러나 머그 등 차와 관련한 굿즈도 판매한다.

도쿄, 일본

@gen2an

"가게에서는 카세트테이프를 통해 음악을 들을 수 있고, 녹차뿐 아니라 철마다 다른 티를 판매합니다."

Jang Saeng Ho

공예 장생호

by 김재원 Jaewon Kim·오르에르 orer 대표

—

공예 장생호는1979년부터 운영 중인 인사동 '고미술 장생호' 오너의 딸이 오픈한 곳으로, 고미술품과 더불어 현대적 감각을 담은 공예품을 선보이는 숍이다. 김상옥 시인이 지어준 이름엔 '오랜 생명력을 지닌 항아리'라는 뜻이 담겨 있다. 작품 하나하나에 집중할 수 있는 갤러리 같은 공간 분위기가 특징이며, 전시를 통해 공예 작가를 소개하기도 한다.

서울, 한국

@jangsaengho

Green Fingers

그린 핑거스

by 장호석 Hosuk Jang·호스팅 하우스 Hosting House 대표

—

감각적인 플랜테리어로 유명한 플랜트 아티스트 가와모토 사토시 Satoshi Kawamoto의 숍. 일본에서 시작해 뉴욕과 밀라노에 지점이 있다. 작은 다육식물부터 행잉 플랜트, 키 큰 나무까지 다양한 식물이 조화를 이루는 곳으로, 식물과 어울리는 빈티지 의류와 소품도 함께 판매한다.

도쿄, 일본

greenfingers.jp

"빈티지 플라워 어레인지먼트를 감각적으로 표현하는 가와모토 사토시의 감각을 마음껏 느낄 수 있는 공간이에요."

Globetrotter

글로베트로터

by 정승민 Seungmin Jung·TRVR 디자이너 겸 대표

—

독일 최대의 아웃도어 멀티숍으로 손꼽히는 글로베트로터는 함부르크 본사 외에도 베를린, 쾰른 등 여러 도시에 지점을 두고 있다. 매장 방문 시 상주하는 전문가에게 도움을 구하거나, 지점별로 진행하는 다양한 아웃도어 워크숍에 참여할 수 있다. 이 외에도 매장 내 설치된 인공 호수에서 공기 주입형 카누를 타고, 암벽에서 클라이밍 슈즈를 테스트해보는 등 직접 체험하고 즐길 거리가 많아 아웃도어를 좋아하는 사람에게는 천국 같은 곳으로 평가받는다.

함부르크, 독일

globetrotter.de

Nonfiction

논픽션

by 장호석

—

아티스트 그룹 '스튜디오 콘크리트' 에서 몸담은 바 있는 차혜영 대표가 전개하는 라이프스타일 뷰티 브랜드. 2019년에 론칭한 논픽션은 고유의 향기 내러티브를 담은 다섯 가지 시그너처 향을 베이스로 향수와 보디 케어 제품군을 선보인다. 한남동에 위치한 첫 번째 쇼룸에서 향기만큼이나 감각적인 디자인 제품을 경험해볼 수 있다.

서울, 한국

nonfiction.kr

The Linen Bird

더 리넨 버드

by 정아란 Aran Jung·에디토 컴퍼니 Edito Company 공동대표

—

벨기에산 리넨 리베코 Libeco를 중심으로 최고급 리넨 제품과 원단을 판매하는 리넨의 성지. 단추 같은 다양한 부자재와 도구도 만날 수 있다. 가게 안에는 재봉틀을 사용하거나 뜨개질을 할 수 있는 아틀리에가 마련되어 있어 워크숍과 레슨을 개최하기도 한다.

오사카, 일본

linenbird.com

"일본에서만 구할 수 있는 리버티 Liberty 원단을 소량으로 구매할 수 있고, 예쁜 단추도 판매합니다."

The Store

더 스토어
by 오선희 Sunhee Oh·바이 에딧 By Edit 대표

—

베를린 소호 하우스 1층에 자리한 더 스토어는 카페와 갤러리 그리고 편집숍을 겸하는 곳이다. 패션·뷰티·매거진·가구·LP 등 폭넓은 라이프스타일 제품을 다루며 발렌시아가 Balenciaga, 질 샌더 Jil Sander 같은 유수의 브랜드 셀렉션도 갖추고 있다. 매장의 소파에 앉아 편안하게 잡지를 읽거나 넓은 테이블의 코워킹 스페이스에서 잠시 작업에도 몰두할 수 있는 복합 문화 공간으로도 사랑받는 곳이다.

베를린, 독일
thestorex.com/berlin

The Quality Chop House

더 퀄리티 촙 하우스
by 오선희

—

런던의 더 퀄리티 촙 하우스는 150년 넘는 전통을 지닌 캐주얼 스테이크 레스토랑으로, 최근 바로 옆에 식료품점과 정육점을 오픈했다. 직접 만든 귤잼과 치포틀레 처트니가 식료품점의 시그너처 상품이고, 정육점에서는 요리하기 쉽게 손질한 고기와 레스토랑 메뉴를 그대로 즐길 수 있는 홈밀 패키지를 선보인다. 레스토랑 로고가 담긴 에코백, 유리잔, 레시피 북 등 굿즈도 판매 중이다.

런던, 영국
shop.thequalitychophouse.com

The Paris Market

더 파리 마켓
by 장호석

—

미국 조지아주의 작은 도시 사바나에서 프랑스 파리를 느낄 수 있는 곳. 프렌치 프레스 커피와 마카롱을 판매하는 1층 카페, 화려한 샹들리에와 빈티지한 골동품이 공존하는 지하 편집숍으로 이뤄져 있다. 빅토리아 시대의 건물을 개조한 곳으로, 화려한 쇼윈도와 프랑스 노천카페를 연상시키는 테라스가 특징이다.

사바나, 미국
theparismarket.com

Desperate Literature

데스퍼레이트 리터러처
by 아이데 투이투·더 스커트 크로니클 The Skirt Chronicle 공동 창립자 및 작가

—

마드리드 골목길에 위치한 중고 서점. 그리스 산토리니의 아틀란티스 북스 Atlantis Books와 뉴욕 브루클린 북 서그 네이션 Book Thug Nation의 공동 프로젝트로 문을 열었다. 문학 도서가 주를 이루며 미국, 스페인, 프랑스 등 각국의 언어로 쓰인 책을 다룬다. 세계인의 독서 문화 교류의 장이 되길 바라며, 다양한 독서 모임과 강연을 지속적으로 개최한다.

마드리드, 스페인
desperateliterature.com

Dover Street Market

도버 스트리트 마켓
by 오선희

—

꼼 데 가르송 COMME des GARÇONS의 설립자 가와쿠보 레이 Rei Kawakubo와 그의 남편 아드리안 조프 Adrian Joffe가 오픈한 멀티 브랜드 편집숍. 도쿄, 뉴욕, 런던 등 전 세계 7개 지점을 운영 중이며 꼼 데 가르송 라인을 비롯해 젊고 개성 있는 디자이너 패션 브랜드를 선보인다. 특히 2016년 '헤이마켓 Haymarket'으로 새롭게 이전한 런던 지점은 지하를 포함한 5층 규모의 매장으로 옷 외에 음반, 책, 디자인용품 등도 취급한다.

런던, 영국
london.doverstreetmarket.com

"이미 널리 알려진 편집숍이지만, 이곳이 진보하는 방식은 늘 흥미롭고 신선한 충격을 줘요. 연령, 스타일, 인종 등에 국한되지 않은 직원들을 통해 누구에게나 열려 있으며, 진보적이고 앞선 공간이라는 것을 보여주는 점도 인상적입니다."

Labour and Wait

레이버 앤 웨이트
by 정아란

—

2000년 런던, 레이철 위스모런 Rachel Wythe-Moran과 사이먼 왓킨스 Simon Watkins는 끊임없이 신상품을 생산하는 브랜드에 회의감을 느껴 오래 사용할 수 있는 유용한 물건을 모으기 시작했다. 그렇게 탄생한 레이버 앤 웨이트는 실용적이며 질리지 않는 좋은 디자인의 일상용품을 판매한다. 매장 디스플레이 역시 취급하는 상품을 닮아 자연스럽고 편안한 느낌이다. 초록색 벽돌 타일이 돋보이는 쇼어디치 본점 외에 도버 스트리트 마켓에 입점해 있으며, 2017년엔 도쿄 시부야에 독립 매장을 오픈했다.

런던, 영국
labourandwait.co.uk

Limited Stock

리미티드 스톡
by 야기 다카히로
—
2005년부터 운영한 리미티드 스톡은 취리히 구시가지에 자리한 작은 편집숍이다. 원예 도구부터 와인 잔, 담요까지 조각가 후베르트 슈푀리 Hubert Spörri와 인테리어 디자이너 울리히 치클러 Ulrich Zickler가 직접 셀렉트한 독특한 소품 컬렉션을 만나볼 수 있다.
취리히, 스위스
limited-stock.com

Maryam Nassir Zadeh

마리암 나시르 자데
by 정아란
—
뉴욕 로어이스트사이드의 감각적인 편집숍으로 시작한 마리암 나시르 자데는 2013년 첫 자체 컬렉션을 선보인 이후 뉴욕을 대표하는 네오미니멀리즘 브랜드로 성장했다. 자크뮈스 Jaquemus, 르메르 같은 디자이너 브랜드와 자신의 컬렉션을 유연하게 조화시킨 온·오프라인 스토어를 통해 탄탄한 팬층을 보유했다.
뉴욕, 미국
mnzstore.com

"패션에 관심이 많다면 꼭 방문해야 할 곳으로, 멋진 큐레이션이 돋보여요. 뉴욕에서 가장 좋아하는 숍입니다."

Mori/Casa

모리/카사
by 야기 다카히로
—
모리/카사는 대만의 건축가 마오 섄 치앙 Mao Shen Chiang의 북유럽 가구 컬렉션을 선보이는 숍이다. 타이베이, 타이중, 타이난에 각각 위치한 이곳의 쇼룸은 노출 콘크리트와 목재, 식물이 어우러져 독특한 분위기를 자아낸다. 북유럽 가구뿐 아니라 일본과 대만의 장인 정신을 담은 공예품도 판매한다.
타이중, 대만
moricasa.com

Mohawk General Store

모호크 제너럴 스토어
by 정아란
—
2008년 케빈과 Kevin과 보 카니 Bo Carney 부부가 오픈한 모호크 제너럴 스토어는 LA 실버레이크 지역을 대표하는 편집숍으로 성장했다. 르메르, 아크네 스튜디오 Acne Studios 등 유럽의 패션 하우스는 물론, 미국의 로컬 브랜드까지 LA의 정서와 어울리는 제품 큐레이션이 특징이다. 2014년에는 세련되면서도 실용적 디자인이 돋보이는 인 하우스 브랜드 '스목 Smock'을 론칭했다.
LA, 미국
mohawkgeneralstore.com

Mitate

미타테
by 김재원
—
'식물을 통해 계절을 느낀다'라는 콘셉트로 운영하는 교토의 플라워 스튜디오. 빈티지 식물과 플랜테리어, 일본 전통 꽃꽂이 '이케바나'에 초점을 두고 계절 꽃과 분재를 판매한다. 매달 그 계절의 꽃을 전시하며, 매장 내에 흐르는 음악까지 직접 제작하고 앨범 형태로 판매하는 것이 특징이다.
교토, 일본
hanaya-mitate.com

Book/Shop

북/숍
by 아이데 투이투
—
단순한 서점이 아닌 도서 문화 공간을 표방하는 오클랜드의 북/숍은 책과 관련한 제품과 이벤트, 경험 등을 제공하는 편집숍이다. 오클랜드에서 시작해 뉴욕까지 두 곳에 지점을 두고 있다. 빈티지 서적과 한정판 책을 비롯한 흥미로운 도서 컬렉션을 선보이며, 책을 테마로 한 다양한 포스터·엽서·노트·에코백 등을 판매한다.
오클랜드, 미국
shopbookshop.com

"책과 읽는 행위를 다루는 숍입니다. 이곳과 함께 '리브레리 아이데 Librairie Haydée'라는 중고 책 프로젝트를 진행하고 있기도 해요."

Charlotte Chesnais

샤를로트 슈네

by 야기 다카히로

—

오랜 기간 발렌시아가와 아페쎄 여성복 디자이너로 활동한 샤를로트 슈네 Charlotte Chesnais가 론칭한 주얼리 브랜드. 유연한 곡선과 구조감이 느껴지는 디자인이 특징이며, 네덜란드의 건축가 아너 홀트롭 Anne Holtrop이 맡아 2020년 아페쎄 알제 Alger 지점 바로 옆에 문을 연 샤를로트 슈네의 첫 파리 부티크는 빙판이 연상되는 독특한 아크릴 테이블과 천장 디자인이 눈길을 사로잡는다.

파리, 프랑스

charlottechesnais.fr

"샤를로트 슈네만의 디테일과 비밀스러운 터치가 더해진 공간으로, 파리에 막 문을 열었어요."

Shreeji News and Magazines

시리지 뉴스 앤드 매거진스

by 오선희

—

1982년부터 자리를 지켜온 런던 스트리트의 평범한 키오스크 시리지가 2020년 서점·살롱·카페·갤러리·라이프스타일 숍을 포함한 멀티숍으로 탈바꿈했다. 신문과 담배를 판매하는 기존 정체성은 유지하되 사람들이 더 오래 머물며 문화를 향유할 수 있는 공간으로 변화한 것. 직접 큐레이션한 전 세계의 매거진·아트 북 등 서적과 가구 및 라이프스타일 소품을 판매하고, 갤러리에서는 다양한 브랜드의 팝업 행사를 개최한다.

런던, 영국

shreejinewsagents.com

"동네 사랑방 같은 분위기가 물씬 풍기는 곳이에요. 개인이 꾸리는 소규모 공간이 자신만의 이야기를 가지고 새로운 개념의 숍으로 지속 가능하게 운영된다는 점이 인상적입니다."

Strand Book Store

스트랜드 북 스토어

by 프레데리크 빌레 브라헤 Frederik biller brahe·아폴로 바 Apollo Bar 셰프

—

1927년에 오픈한 뉴욕을 대표하는 독립 서점 스트랜드 북 스토어는 약 90년의 역사를 간직하고 있다. 이곳은 '18마일의 서가'라는 별칭으로도 유명한데, 소장하고 있는 책을 모두 펼쳐놓으면 길이가 18마일에 달할 정도로 방대한 규모를 자랑하기 때문이다. 지하 1층을 포함해 4층 규모의 대형 서점으로 서적 외에도 LP·굿즈·라이프스타일 소품·빈티지 제품 등을 취급한다. 고객이 원하는 대로 책장을 꾸며주는 북 큐레이션 서비스 '북스 바이 더 풋 Books by the foot'도 함께 운영 중이다.

뉴욕, 미국

strandbooks.com

Centre Culturel Suisse

스위스 문화원

by 정승민

—

파리 스위스 문화원은 서점과 함께 2개 전시관과 공연장으로 이뤄진 곳으로 프랑스에 스위스 예술가와 창작물을 알리고자 세웠다. 가장 사랑받는 공간인 서점은 현대미술, 건축, 그래픽, 문학 관련 서적을 선보인다. 마레 지구에 위치한 이 매력적인 공간은 프랑스의 유명한 건축 듀오 자코브+맥팔레인 Jakob+MacFarlane이 설계한 것으로도 알려져 있다.

파리, 프랑스

ccsparis.com

"이곳의 서점은 디자인이나 문화 예술에 관심이 많은 사람이라면 헤어나올 수 없을 정도로 매력적인 셀렉션을 자랑합니다. 중고 도서와 신간이 공존하며, 책을 통해 전하고자 하는 메시지가 그야말로 남다르죠."

Sweet Pickle Books

스위트 피클 북스

by 아이데 투이투

—

오래된 도서와 새 피클을 함께 판매하는 독특하고 장난스러운 콘셉트의 중고 서점. 뉴욕 스트랜드 북 스토어의 커뮤니케이션 디렉터로 근무한 리 알츠슐러 Leigh Altshuler가 2020년 오픈했다. 이름에서 알 수 있듯, 중고 도서·음반 및 여러 골동품과 함께 집에서 만든 신선한 피클을 판매하는 것이 특징이다.

뉴욕, 미국

sweetpicklebooks.com

Artek 2nd Cycle

아르텍 세컨드 사이클

by 프레데리크 빌레 브라헤

—

핀란드 디자인 거장 알바르 알토 Alvar Aalto의 가구 브랜드 아르텍 Artek에서 만든 세컨드핸드 숍. 1935년부터 시작한 아르텍 아카이브를 구경할 수 있는 가구 박물관 같은 공간이다. 아르텍은 이곳을 통해 빈티지 제품이 품고 있는 아르텍의 헤리티지를 보여줄 뿐 아니라, 의식적이고 지속 가능한 소비를 장려한다.

헬싱키, 핀란드

artek.fi/2ndcycle/en

"리사이클링을 열렬히 지지하고, 사용함으로써 더욱 아름다워지는 것에 관심이 많습니다. 특히 초기 핀란드 디자인, 알바르 알토의 디자인을 꽤 좋아하죠. 그래서 중고 가구를 판매하는 이 매장에 애착이 있습니다. 매우 훌륭한 아이디어라고 생각해요."

Astier de Villatte

아스티에 드 빌라트
by 프레데리크 빌레 브라헤

—

1996년 파리에서 시작한 아스티에 드 빌라트는 가구와 세라믹으로 시작해 향초, 인센스, 문구류 등의 제품을 선보이는 브랜드다. 생토노레 지점은 2000년에 오픈한 공식 플래그십 매장으로, 벽면 가득 하얀 세라믹 제품이 놓여 있어 마치 세라믹 동굴 같은 분위기를 자아낸다. 실제로 통로를 따라 매장 깊숙이 들어가면 한층 다양한 아스티에 드 빌라트의 셀렉션을 구경할 수 있는 공간이 이어진다.
파리, 프랑스
astierdevillatte.com

"아름다운 장식과 수공예 제품으로 가득 찬 이곳에 들어가면, 마치 사탕으로 가득한 가게에 들어가 모든 걸 맛보고 싶지만 결국 한 가지만 고를 수밖에 없던 어린 시절의 기분이 들어요."

Outbound

아웃바운드
by 김재원

—

도쿄 기치조지에 위치한 아웃바운드는 고바야시 가즈토 Kazuto Kobayashi가 시부야의 '라운드어바웃 Roundabout'과 함께 운영하는 인테리어 숍이다. 라운드어바웃이 실용적이고 캐주얼한 라이프스타일 숍이라면, 아웃바운드는 갤러리 분위기에 가깝다. 오너의 취향으로 선별한 공예품들이 공간과 조화를 이루며 전시되어 있다.
도쿄, 일본
outbound.to

Arts & Science

아츠 앤 사이언스
by 정아란

—

의류·양말부터 인테리어 소품·세라믹 공예품까지 판매하는 일본의 라이프스타일 브랜드. 2003년 창립자 소냐 박 Sonya Park이 '좋아하는 것을 모아 가게를 엽니다'라며 다이칸야마 골목에서 작은 규모로 시작했다. 현재는 도쿄에 7개, 교토에 4개 지점을 보유한 브랜드로 성장했으며, 지점마다 취급하는 제품군과 제품을 보여주는 방식이 각각 다르다. 특히 아오야마 지점은 의식주를 모두 아우르는 콘셉트로 제철 식재료를 사용하는 식당 '다운 더 스테어즈 Down the Stairs'를 함께 운영하고 있다.
도쿄, 일본
arts-science.com

ABC Carpet & Home

에이비시 카펫 앤 홈
by 장호석

—

뉴욕 브로드웨이에 위치한 토털 리빙 브랜드 에이비시 카펫 앤 홈은 지하부터 6층까지 웅장한 스케일을 자랑한다. 주력 제품인 카펫을 중심으로 프랑스, 인도 등지에서 수입한 각종 제품과 조명등, 패브릭, 오브제를 만날 수 있다. 아스티에 드 빌라트, 톰 딕슨 등 다양한 브랜드와 라이프스타일별로 구획한 인테리어를 구경하는 것만으로도 즐거움을 주는 곳이다.
뉴욕, 미국
abchome.com

L. Cornelissen & Son

엘 코넬리슨 앤 선
by 김재원

—

1855년 탄생한 런던의 화방으로 엄선한 고급 미술 도구를 판매한다. 도구 종류가 많은 편은 아니지만, 유서 깊은 공간으로 잘 알려져 있다. 런던 대영박물관 근처에 위치해 있으며 160여 년의 장구한 세월이 느껴지는 인테리어와 빈티지한 매장 분위기가 인상적이다.
런던, 영국
cornelissen.com

"숍 내부를 거닐고 있으면 마치 영화 속에 들어온 듯한 기분이 들기도 합니다."

Mk2

엠케이투
by 오선희

—

서촌에 위치한 카페 mk2는 오리지널 미드센추리 모던 가구를 판매하는 숍으로 시작해 현재는 커피와 함께 유럽의 빈티지 가구와 조명등을 즐길 수 있는 카페로 운영한다. 2020년에는 경기도 양평에 mk2 쇼룸을 오픈하며 직접 빈티지 가구를 판매하고 있다.
서울, 한국
@cafemk2

Unipair

유니페어
by 정승민

—

'당신을 위한 세상에서 단 한 켤레뿐인 구두'라는 의미를 담은 구두 가게. 알든 Alden, 파라부트 Paraboot 등 정통 남성 구두 브랜드뿐만 아니라 일본 슈메이커와의 협업으로 탄생한 자체 컬렉션을 선보이며, 한국에 구두 문화를 전파하는 편집숍으로 평가받는다. 구두를 시작으로 현재는 타이·벨트·장갑 등 남성 패션 액세서리 전반에 걸친 스타일을 제안한다.
서울, 한국
unipair.com

"개인적으로는 하루 종일 이곳에서 보낼 수 있을 정도의 공간이라고 생각해요. 제대로 된 좋은 구두를 찾는다면 당연히 유니페어에서!"

Librairie Yvon Lambert

리브레리 이봉 랑베르
by 아이데 투이투

—

프랑스의 세계적 갤러리스트 이봉 랑베르가 운영하는 서점. 파리 마레 지구에 위치해 있다. 전 세계의 예술 서적과 잡지뿐 아니라 구하기 어려운 한정판 아티스트 북, 포스터도 찾아볼 수 있다. 서점 안쪽에 마련된 작은 공간에서는 다양한 작가의 전시와 행사가 활발하게 펼쳐진다. 흘림체로 이봉 랑베르 로고가 적힌 에코백과 티셔츠, 머그 등 자체 굿즈도 인기 높다.
파리, 프랑스
shop.yvon-lambert.com

"파리에서 최고 서점이자 개인적으로 지구상에서 가장 좋아하는 장소입니다. 갈 때마다 가족을 만나러 가는 기분이 들어요."

Zabriskie

차브리스키
by 아이데 투이투

—

베를린 크로이츠베르크에 위치한 차브리스키는 서브컬처와 자연에 초점을 맞춘 전문 서점. 언더그라운드 음악·영화 서적, 자연사·환경·가드닝에 관한 책, 독립 출판물 등 흥미로운 책을 찾아볼 수 있다. 서점 한쪽에는 편하게 앉을 수 있는 공간이 마련되어 있어 자유롭게 커피를 마시며 책을 읽을 수 있는데, 이곳에서 북 클럽과 강연을 개최하기도 한다.
베를린, 독일
zabriskie.de

Jonathan Adler

조너선 애들러
by 장호석

—

스타벅스, 라코스테 등 각종 브랜드와의 컬래버레이션, <섹스 앤 더 시티 Sex and the City>의 인테리어 디자이너로 잘 알려진 조너선 애들러의 가구 브랜드. 1993년 자신의 이름을 건 도자 브랜드를 론칭한 그는 5년 뒤 뉴욕 소호에 첫 부티크를 오픈했다. 통통 튀는 컬러와 아이디어가 돋보이는 인테리어, 소품에서 그의 감각을 느낄 수 있다. 사람 얼굴이나 관능적인 신체 모양을 닮은 세라믹 꽃병이 대표작이다.
뉴욕, 미국
jonathanadler.com

Choosing Keeping

추징 키핑
by 김재원

—

런던의 추징 키핑은 아날로그 가치를 소중히 여기는 문구 숍이다. 셀렉트한 제품 외에도 자체 제작한 펜과 노트류를 함께 판매한다. 2012년 컬럼비아 로드 플라워 마켓 Columbia Road Flower Market에서 작게 시작해 2018년 코벤트 가든으로 확장했으며, 새로운 공간에서는 매해 네 차례, 수제 문구 제품이나 장인 정신이 깃든 제품을 위한 특별 전시를 개최한다.
런던, 영국
choosingkeeping.com

"셀렉트한 문구 제품뿐 아니라 숍의 간판, 인테리어, 분위기 등 모든 것이 인상적입니다."

Kamisoe

가미소에
by 김재원

—

교토 서쪽의 '장인' 동네 니시진에 위치한 종이 공예 스튜디오이자 숍. 일본 전통 종이 공예 '가라카미'의 장인 가도 고 Ko kado가 창립한 곳이다. 숍에서는 가라카미로 만든 종이·카드·벽지·문구류 등을 판매하며, 종이를 염색하고 인쇄하는 모든 작업은 가게 옆 스튜디오에서 진행한다.

교토, 일본

kamisoe.com

Kuya

구야

by 김형우

—

도쿄 긴자에 위치한 구야는 1884년 시작해 4대째 이어온 전통 모나카 전문점이다. 당일 생산 당일 판매 원칙을 고수하는 이곳의 모나카를 맛보려면 예약은 필수이며, 오직 전화 예약만 가능하다. 소설가 나쓰메 소세키 Sōseki Natsume가 사랑한 모나카로도 유명하다.

도쿄, 일본

wagashi.or.jp/tokyo_link/shop/0337.htm

Tortoise General Store

토터스 제너럴 스토어

by 야기 다카히로

—

2003년, 시노모토 게이코 Keiko, 시노모토 다쿠 Taku 부부가 LA에 일본의 질 좋은 제품들을 소개하기 위해 오픈한 편집숍. 주방 다이닝 제품부터 빈티지 소품, 아동용 나무 장난감까지 다양한 라이프스타일 제품을 판매한다. 매장 뒤편에는 시노모토 다쿠가 전개하는 차분한 분위기의 도자 브랜드 '하사미 포슬린 Hasami Porcelain'의 쇼룸이 있다. 이곳에선 일본 나가사키의 유서 깊은 도자기 마을 하사미의 전통 기법에 현대적 미감을 더한 도자 제품을 만날 수 있다.

LA, 미국

shop.tortoisegeneralstore.com

Farmacia Munstermann

파르마차 문스테르만

by 정아란

—

피렌체 중심부의 인기 호텔들과 베키오 다리 사이에 위치한 약국. 1897년부터 자리를 지키며 120년이 넘는 장구한 세월을 담고 있다. 선물용으로도 좋은 립밤, 향수부터 스킨케어 제품까지 피렌체 전통을 고수하는 브랜드를 만나볼 수 있다.

피렌체, 이탈리아

munstermann.it

Papermuse

페이퍼뮤즈

by 김형우

—

한남동 골목에 위치한 매거진 부티크. '종이 잡지는 영감을 주는 뮤즈'라는 콘셉트를 담아 2012년 오픈했다. <보그 Vogue>, <시리얼 Cereal>은 물론 <셀프서비스 Selfservice>, <더 스커트 크로니클> 등 전 세계의 패션·라이프스타일 매거진을 판매한다.

서울, 한국

papermuse.kr

Post

포스트

by 김재원

—

두 달에 한 번, 한 출판사의 책으로만 서가를 꾸미는 도쿄의 아트 북 서점. 서점의 안쪽에 마련한 작은 갤러리에서는 정기적으로 전시를 개최한다. 주택가 골목에 위치한 작은 규모의 서점이지만, 감각적인 아트 북 큐레이션과 다양한 볼거리로 사랑받는 곳이다.

도쿄, 일본

post-books.info

Postcard Teas

포스트카드 티스

by 야기 다카히로

—

중국, 일본, 대만 등 아시아 6개국의 차 농장과 직접 거래해 전통차를 소개하는 곳이다. 찻주전자, 도자기 잔 등 공예 다기 세트를 판매하며 차 시음도 가능하다. 엽서와 차를 골라 간단한 메시지를 남기면 전 세계 어디든 원하는 주소로 차 50g을 동봉해 보내주는 '티 포스트카드' 서비스도 운영 중이다.

런던, 영국

postcardteas.com

Post Poetics

포스트 포에틱스
by 아이데 투이투

—

서울 한남동에 위치한 포스트 포에틱스는 세계 각국의 예술·디자인 서적을 판매하는 서점으로, 미술·패션·건축·사진·디자인 등 예술 전반의 출판물을 폭넓게 구경할 수 있다. 출판사별로 큐레이션한 선반에는 각 출판사에 대한 간단한 소개가 붙어 있어 새로운 관점으로 책을 선별할 수 있도록 했다.

서울, 한국
postpoetics.kr

Pungwoldang

풍월당
by 김형우

—

음반 시장이 쇠락하던 2003년, '공들인 음악이 만드는 세련된 사회'를 표방하며 오픈한 음반 매장. 1900년경의 빈 Wien 카페를 콘셉트로 한 카페 '로젠카발리에'와 매달 클래식과 관련한 강좌, 특강, 영화 시사회를 여는 강의실 '구름채'를 함께 운영하고 있다. 클래식과 관련한 다양한 문화를 향유할 수 있어 클래식 애호가는 물론 예술계 거장들에게 두루 사랑받는 곳이다.

서울, 한국
pungwoldang.kr

Fritz

프릳츠
by 오선희

—

2014년 마포구에서 시작한 프릳츠는 서울을 대표하는 스페셜티 커피 브랜드다. 베이커리와 직접 로스팅한 원두 외에도 특유의 레트로 감성을 담은 인테리어와 굿즈 디자인으로 사랑받는 공간이다. 프릳츠의 시그너처인 물개 캐릭터가 그려진 유리잔, 머그, 텀블러 등 자체 굿즈를 판매한다.

서울, 한국
fritz.co.kr

Herman Miller

허먼밀러 플래그십
by 김형우

—

임스 체어를 생산하는 것으로 유명한 미국 글로벌 가구 브랜드 허먼밀러의 첫 플래그십 스토어. 맨해튼 사무실이 위치한 파크 애비뉴 빌딩 1~2층에 자리한다. 특히 환한 개방감이 돋보이는 2층 쇼룸은 식당, 침실, 오피스 등 다채로운 공간으로 꾸며져 있어 현대 라이프스타일에 대한 허먼밀러의 다양한 해석을 볼 수 있다.

뉴욕, 미국
hermanmiller.com

"공간, 가구, 소품의 완벽한 삼위일체!"

Hin/Arts & Science

힌/아츠 앤 사이언스
by 프레데리크 빌레 브라헤

—

소냐 박의 브랜드 아츠 앤 사이언스의 교토 니조 지점. 2016년 10월 오픈한 이곳은 일본 전통 장인의 기술과 정신을 지키기 위해 일상에서 사용할 수 있는 일본 전통 공예품에 초점을 맞춘 곳이다. 작가와의 협업으로 기획전을 개최하기도 한다.

교토, 일본
arts-science.com/shop/hin

INDEX OF PHOTOGRAPHY

Published by JOH
Printed in the Republic of Korea
2011년 11월 3일 창간
2021년 1월 19일 초판 1쇄 발행
2021년 4월 23일 초판 2쇄 발행
등록번호 강남, 라00546

ISBN 979-11-6036-123-0 (03070)

Publisher 조수용
Executive Director 김명수
Content & Editorial Director 박은성
Lead Editor 서재우
Editors 김나래, 류솔, 신희원
Art Direction & Design 최유원
Photographer 윤미연
Marketing 김현주, 김예빈
Finance 홍효선
Sales & Distribution 김수연, 김기란, 송수진

Copyright © Magazine B
매거진 <B>가 이 책에 관한 모든 권리를 소유합니다.
본사의 동의 없이 이 책에 실린 글과 사진, 그림 등을 사용할 수 없습니다.

magazine-b.com
info@magazine-b.com

instagram @magazine.b
facebook.com/brand.magazineb
youtube.com/magazineb
vimeo.com/magazineb
podcasts/magazine b